多摩
おさんぽ日和

もくじ

はじめに 4

吉祥寺駅 5
- moi 7
- 36 サブロ 8
- tatin 9
- ウエスタン 11
- 旅人の木 12
- 夕焼けこやけ 13
- Cafe du lievre 14
- Cafe Montana 16

三鷹駅 17
- Simply French 19
- Atelier Bobine 20
- りとる 21
- 婆娑羅 22

国分寺駅 33
- Earth Juice 35
- 多根果実店 36
- BURNNY'S CAFE 37
- でめてる 39

国立駅～谷保駅 41
- 国立本店 43
- Somoan 44
- 黄色い鳥器店 46
- IL GIRASOLE 47
- WILL cafe 48
- 木火土金水 49

立川駅 55
- ecute Tachikawa 57
- PAPER WALL & orion 58
- ヴァンセット 61
- Bar R 62

八王子駅～高尾山口駅 63
- 高尾山 65
- 磯沼ミルクファーム 68
- 晶山茶葉店／たたみぜ 70
- グルヌイユ 71

西立川駅～昭島駅 79
- 新幹線図書館 81
- Kiari 82
- Pate a chou 84

本書のデータは、2008年2月現在のものです。
取材後の料金・営業時間などの変更もありえますので、ご了承下さい。

牛浜駅～福生駅 85
T-BROS.FUSSA 87
Un Quinto 88
BIG MAMA 90
WOOD STOCK 91
HEAVEN AND ZUCCOTTO 92

青梅駅～沢井駅 101
澤乃井櫛かんざし美術館 103
昭和レトロ商品博物館 104
yard 106
ねじまき雲 107

府中のおさんぽ 108
サントリー武蔵野ビール工場 108
府中市美術館 110
勇鮨 110
La Merenda 111

あきる野のおさんぽ 112
雙柿庵 113
きれ屋 114

Columns
本日、おみやげ日和 24
ゆるーくほどける、天然温泉 50
「おひとりさま」の楽しみ方 72
子どもと一緒の多摩生活 94
お酒でしっとり、おとな時間 116

おわりに 123

おさんぽ路線図 124

さくいん 126

Columnsは、編集部が取材・執筆を担当しました。

はじめに

おさんぽは、ちいさな旅。
旅先は、いつもの暮らしの周辺と
電車に乗って少しだけ西の向こうです。

楽しい、おいしい、新発見や
ときには恋にぶつかることだって。

朝の牧場から、真夜中のバーまで、
大好きな多摩が舞台の
ウエスト・トウキョウ・ストーリー。
思いたったらおさんぽ日和。
元気をもらいに、行ってきます。

たそがれたいとき訪ねたい井の頭公園は、水と緑がまぶしい、吉祥寺の大きな庭。

吉祥寺駅

井の頭線の終着駅でもある吉祥寺。
東京の西の玄関です。
世界各地の風景がちりばめられて、
路地裏にも発見がいっぱい。
自由な旅人に出会えそう。
いえ、もしかして、私がそうなれそうな。

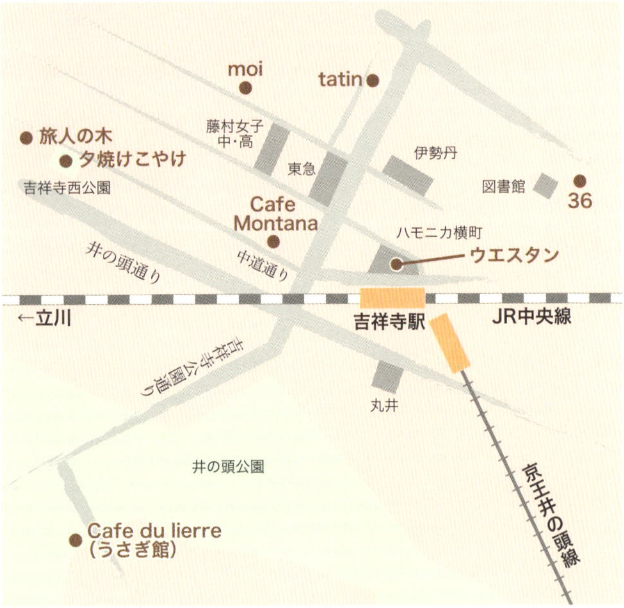

moi　モイ

ムーミンが好き。のんびりのびのびていねいで、やさしい暮らしを伝えてくれる北欧が好き。扉を開けると左にポストカードと雑貨の「コルッティ」。カードを眺めていると、遠いまちに暮らす友だちを思い出しました。コーヒーを飲みながら、手紙、書いてみよう。

北欧の人が大好きなベリーのおやつ「ベリーのトライフル」¥600と徳島のアアルトコーヒーの豆使用のコーヒー¥550。
サンドイッチやスコーンもあります。

お店のどこかに、
ムーミンがかくれんぼ。
見つけられるかな？

0422-20-7133
武蔵野市吉祥寺本町2-28-3
グリーニイ吉祥寺1F
吉祥寺駅中央口徒歩7分
月水木12:00～21:00
(金土日祝～20:00)
火曜休み

36　サブロ

吉祥寺図書館を曲がって、もう一度曲がって。新しい仕事をはじめる前には、ツバメのノートを買いに来るのが恒例です。日本製のデットストックも、店主の村上幸さんが並べると、まあ不思議。海を越えて来た輸入品みたい。

スケッチブックや『地球の歩き方』専用ブックカバーなど、旅心がくすぐられてしまいます。

0422-21-8118
武蔵野市吉祥寺本町1-28-3
ジャルダン吉祥寺107
吉祥寺駅中央口徒歩7分
12:00〜20:00
火曜休み

tatin　タタン

近くまで来ると、甘いにおいに誘われて、、、あっここだ！　お店を持たないお菓子屋さんだったけど、偶然、常連さんの家を借りることができて、かわいいお店ができました。主役はチーズケーキ。
すぐに売り切れてしまうとのうわさあり。

武蔵野市吉祥寺本町2-7-3
吉祥寺駅中央口徒歩8分
12:00～売り切れまで
月・火曜休み

売り切れごめんじゃ泣いちゃう人は、前日までに予約をどうぞ。

はじめまして、こんにちは。
路地裏で目が合ってしまいました。
どきっ。

ジーンズショップ

ウエスタン

「これなんかどうでしょう」。スタッフのおすすめをはいてみると、カタチもサイズもどんぴしゃり。

ジーンズは迷わずここで。でも、お店の場所は、この路地だっけ？　あの路地だっけ？　と行くたびに迷ってしまうハモニカ横丁の中。
セントジェームスのボーダーシャツ、色揃いが感動もので、選ぶのにまた迷ってしまいます。

めざせ、ジーンズの似合うおばあちゃん。そのためには、はき続けることが大切だと思うのです。

0422-22-6172
武蔵野市吉祥寺本町1-1-3
吉祥寺駅中央口徒歩2分
11:00～20:00
無休

旅人の木

ふたりの息ぴったりの仕事ぶり、眺めてほのぼののオープンキッチン。

突然フッとわいてくるワガママな食欲。「旅人の木のラーメンが食べたい！」。わいてきたらもうどうにもこうにもおさまらなくて、自転車でダッシュ。スープまで飲み干して満たされると、次にわくのは元気です。

武蔵野市吉祥寺本町3-23-9
タナベオレンジコートパートII 1F
吉祥寺駅北口徒歩12分
11:30～15:00、17:00～19:30
土日祝12:00～15:00、17:00～20:30
水曜休み

夕焼けこやけ

夕焼けこやけ
玄米ワッフル
¥200
夕焼けこやけのワッフルは、卵も牛乳もつかわない！100%植物性のワッフルです。
甘さはひかえめですが、かめばかむほどモチモチして玄米の甘さが後からひろがります。
お楽しみ下さいませ。

こうばしくってもっちもち。いつもポケットに常備していたいほどいとおしい玄米ワッフル。いつも（月水木土日）はジブリ美術館前だけど、金曜日は中道通り西公園前にご登場。出会えたら、今日はいいこときっとある。
「こんにちは。ひとつくださいな」。

西公園のベンチで、ひとかじり、ひとやすみ。

090-7637-6357
武蔵野市吉祥寺本町４丁目
吉祥寺西公園付近
金 12:00～売り切れまで
火曜休み

Cafe du lievre
カフェ・ドゥ・リエーブル（うさぎ館）

「夢見る家出少女だったのよ」とオーナーの吉田キミコさん。心地よい居場所を求めてさまよって、いつか森の中に暮らしたいと想い続けていたと語ります。想いが叶って、井の頭公園の中の古い家を、カフェに仕立て上げました。

取材の日は、東京も雪景色。
ガレットが焼き上がる間、ル・クルーゼでことこと煮た「にんじんのポタージュ」¥400と、「にんじんのラペ」¥400をどうぞ。
店名は、にんじん大好き「野うさぎ」だもの。

春は野桜、夏は窓を開け放してさわやかな
風、秋ははらはら落ち葉舞う。
井の頭公園は、ブルターニュの森になる。

まあるい鉄板に生地を満月のように伸ばして、削りたてのグルュイエールチーズをこんなに！　そば粉100％のガレット（フレッシュトマトときのこ￥850）には、さわやかなりんごの発泡酒シードル￥760が似合う。

0422-43-0015
武蔵野市御殿山1-19-43
吉祥寺駅公園口徒歩15分
11：00～20：00（19：00 LO）
無休

Cafe Montana カフェ モンタナ

「モルツ」の生ビールの看板がいつも気になっていました。スピーディーに、おいしく、満腹と、忙しい人のためのランチ条件がみごとに揃っているから、ご近所ワーカー御用達。コーヒー１杯でもOKの陽気なバール！

雑穀が少し入ったごはんに、ほろ辛のドライカリー（温たまのせ）￥900。テイクアウトもOK。

0422-21-0208
武蔵野市吉祥寺本町2-10-2
本町田中ビル１Ｆ
吉祥寺駅中央口徒歩3分
11：30～22：30（22：00 LO）
月曜休み

時にはストリートミュージシャンも歌う三鷹駅南口のペデストリアンデッキ。
名物のたいやきは、この道徒歩3分右側に。

三鷹駅

玉川上水沿いを西へ歩くと三鷹駅。
ジブリ美術館行きのバスが出発します。
いつも私の最寄り駅。
大好きなお店は、オープンキッチン、オープンアトリエ。
店主との距離がぐっと近いことに気づきました。

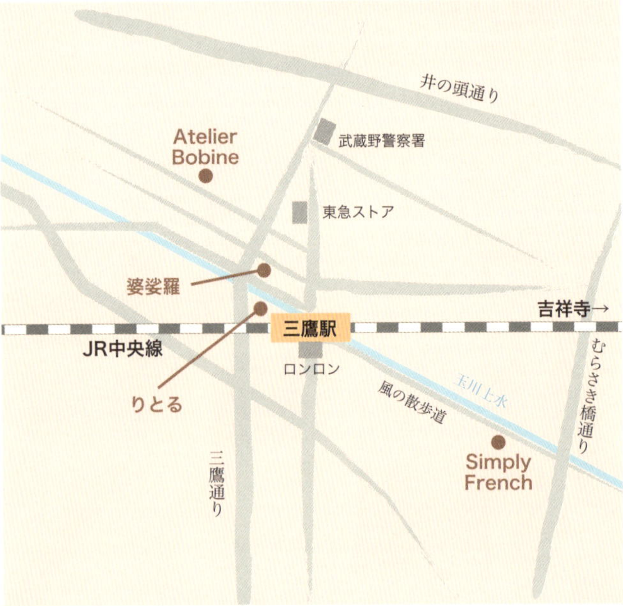

Simply French
シンプリーフレンチ

散歩中、新しいお店発見！　とのぞいたら、スタッフが店案内を手渡してくれました。かわいい笑顔が印象的で、仕事がひと区切りした日、自分へのご褒美ランチに訪ねました。
リラックスしていただくフレンチ、ご近所御用達と聞いて、少しジェラシー。

夜のコースより
「フォアグラのコンフィ　りんごバニラ風味」。
グラスワインは¥600～。
「オマールえびのグリーンアスパラガス添え」
ランチは¥2500～。ディナーは¥4500～。ボトルワインは¥3000～。小さいお店ですので昼夜ともにご予約を。

0422-27-6736
三鷹市下連雀3-3-50
パークファミリア1F
三鷹駅南口徒歩5分
11:30～14:00
18:00～22:00
火曜休み

帽子＆バッグ

Atelier Bobine
アトリエ ボビン

自宅1階を改装した帽子とバッグのお店。オープンアトリエなので、扉を開けると工房が目に飛び込みます。店主は、中央線で一番帽子の似合う人、河原雅子さん。
さりげないかっこよさをお手本に、ちょっと冒険、試してみたら。

展示会にはご主人がシフォンケーキを焼き上げます。博士のようなご主人、実は、シフォンケーキ名人。運が良ければいただけるかも。

「いろんな帽子をかぶってみて」。河原さんのことばに後押しされて、ベレー初挑戦。わっ、びっくり。新しい世界が広がりそう。

武蔵野市西久保1-3-2
三鷹駅北口徒歩3分
11:00～17:30
水・木・金曜のみopen

りとる

「自分が選んだ本がいい本なのよ」と中野玲子さんの声がすとんと心に響きます。ベビーカーを押して初めて訪ねたのはもう18年も前のこと。ぼろぼろの絵本、宝ものです。

0422-36-4771
三鷹市上連雀1-1-5
三鷹駅北口徒歩1分
11:00～19:00（日祝～18:00）
水曜休み

お店には小さな椅子があって、おとなのおしりもwelcome。インクのにおい、紙の手触り、気になった本をゆっくりと開くどきどきが、心の扉をトントンします。
子どもの頃に何度も読んだ絵本発見。
自分に贈ってみようかな。

婆娑羅　ばさら

ひとり酒にふさわしいコの字型のカウンターに向かう。エビスの生ビールと、丁寧に取っただしを使う旬菜の「お通し」に始まる酒宴。ここから先は時間を忘れてケセラセラ。完璧なオープンキッチンゆえ、隅々まで店主・大澤伸雄さんの優しい目が光る。「フトドキものは俺が交通整理するよ」。守られながら、もう一杯。

渋めのBGM、静かな店内に、時折、大澤さんのハミングが重なる。

「絶品しめさば」¥600、「もつ煮込み」¥450、「牛レバさしみ」¥500、日本酒は宮城県の「一の蔵」¥330。
自家製手絞りポン酢を使う肴、ぬか漬けもおすすめ。

芋焼酎は「婆娑羅オリジナルブレンド」ショットで¥380。ボトルは¥2200。酒の種類多くなく、選ばれるにはストーリーあり。

0422-54-1666
武蔵野市中町1-3-1
三鷹駅北口徒歩1分
17:30〜23:00
日・祝日休み

本日、おみやげ日和

誰かのおうちに遊びに行くとき、お世話になっているあの人にお礼がしたいとき、いつも頑張っている自分へのプレゼントに…。暮らしのすぐそばにある「おみやげ」。かわいくラッピングされた品物を手にしたら、思わずスキップしてしまいそう。

取材・文／編集部

吉祥寺　*L'Epicurien*　レピキュリアン

エクレールショコラ ¥280ほか

0422-46-6288
武蔵野市吉祥寺南町1-9-5
JR中央線吉祥寺駅公園口徒歩5分
10：30～19：00
水曜休み

吉祥寺　*Karel Čapek SWEETS*　カレルチャペックスウィーツ

スコーン（1コ）　¥179

0422-20-1088
武蔵野市吉祥寺本町2-15-18
JR中央線吉祥寺駅中央口徒歩15分
11：00～19：00（18：40LO）
不定休

三鷹　エレカフェ

フルーツケーキ（1本）　¥1575

0422-46-2278
三鷹市下連雀3-33-17　グラシアス三鷹108号
JR中央線三鷹駅南口徒歩3分
14：00～17：30（17：00LO）
火・水曜休み

武蔵境
東小金井

tres petits　トレプチ

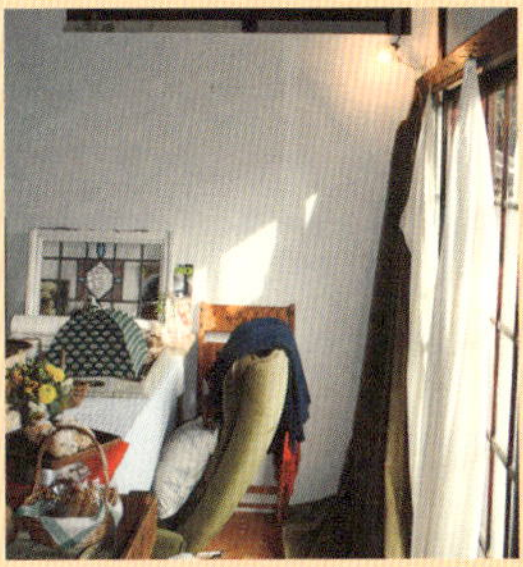

靴を脱いで入る、かわいいおうち。
テイクアウトのみのお店。

ラズベリーたっぷり
「ガトーショコラ」¥370。

コーヒーフィルターに入れて焼き上げた
「フィナンシェ」¥210。

0422-53-4051
小金井市梶野町2-14-3
JR中央線武蔵境駅北口or東小金井駅北口徒歩15分
木・日曜のみopen
12：00〜19：00
http://www.tres-petits.com

自転車にお菓子を積んで販売していたトレプチさんのお店。畑をまわって小金井市や武蔵野市産の旬の野菜や果物を使うから、毎回メニューが変わるのが楽しみ。キッシュもおすすめ。

国立

白十字

桜サブレ　各¥90

学園ポテト　¥137

042-572-0416
国立市中1-9-43
JR中央線国立駅南口徒歩3分
9：00～21：00
無休

レ・アントルメ国立

大学通りの石畳 ¥1050

042-574-0205
国立市東2-25-50
JR中央線国立駅南口徒歩10分
10：00～19：00
水曜休み

西欧菓子　伊藤屋

国立たまご (6コ) ¥780
1コ　¥130

042-577-0121
国立市中1-16-33
JR中央線国立駅南口徒歩3分
10：00～20：00
木曜休み

菓子の木

多摩蘭シュー 各¥150

042-576-7724
国立市東2-13-22
JR中央線国立駅南口徒歩10分
10:30～18：30
木曜休み

グー・デ・サンク

紫芋モンブラン
¥399

042-576-7375
国立市富士見台1-1-12
JR中央線国立駅南口徒歩20分
10：00～20：00
火曜休み

ア・ポワン

西八王子

マカロン（10コ）¥2100
（バレンタインデー、ひなまつり、
ホワイトデー、母の日、
11/20の年5回のみ発売）

042-622-0333
八王子市追分町23-15
JR中央線西八王子駅北口徒歩15分
10：00〜19：00
月・火曜休み

和菓子でちょっぴりおすましな私。

高松　むらさき
武蔵野菓子舗 花奴 本店

むらさき　¥220

上品なあんと、まるまる一個入った大きな栗。素材の味わいがダイレクトに伝わる、ほんわりやさしい口当たり。

042-522-8785
立川市高松町1-22-8
多摩モノレール高松駅徒歩5分
9：00～18：00
1/1～2 休み
http://www.8785.co.jp

八王子　都まんじゅう
つるや製菓

都まんじゅう（10コ）¥300

ふわっと軽い食感の生地には、かわいらしい「都まん」の文字が。中には白あんがたっぷり。

042-626-0223
八王子市旭町7-8
JR中央線八王子駅北口徒歩3分
9：00～18：00
水曜休み

日向和田　紅梅饅頭
紅梅苑

紅梅饅頭（8コ）¥645
梅ほの香（12コ）¥1375

梅の名所である青梅ならではのおみや、「紅梅饅頭」は外せない逸品。

0428-76-1881
通信販売専用フリーダイヤル
0120-87-5810
青梅市梅郷3-905-1
JR青梅線日向和田駅徒歩5分
9：30～17：00
月曜休み

三鷹 吉祥寺　黒糖どら焼き
和匠　高円

黒糖どら焼き
風うらら（1コ）¥105

沖縄産黒糖使用のしっとりとした皮に、北海道産小豆のやわらかい粒あんが包み込まれている。

三鷹本店
0422-53-5310
武蔵野市西久保1-1-1
JR中央線三鷹駅南口徒歩3分
9：30～20：00
無休

吉祥寺店
0422-42-8871
武蔵野市御殿山1-2-4
JR中央線吉祥寺駅公園口徒歩5分
10：00～19：00
無休

吉祥寺　羊羹
小ざさ

羊羹（1本）¥580

炭火を使って丹念に練り上げた羊羹は、1日150本の限定品。1人5本まで。ほぼ30人で完売してしまうので、早朝に並ばないと手に入らない。

0422-22-7230
武蔵野市吉祥寺本町1-1-8　ダイヤ街
JR中央線吉祥寺駅中央口徒歩3分
10：00～19：30
火曜休み

中神　おやき大福
御菓子司　茶の子

おやき大福（1コ）¥126

シンプルな材料と丁寧な作業でつくられるあんは、上品な風味が口の中にふわっと広がる。こんがり焼き目がついた皮も香ばしく、中はもっちもち。

042-544-2421
昭島市朝日町3-6-5
JR青梅線中神駅徒歩3分
9：30～18：30
日曜休み
http://www.chanoko.jp/

武蔵小金井　湧水のデザート
和洋菓子の店　亀屋本店

湧水のデザート（1コ）
¥210

小金井の井戸水「黄金《こがね》の水」を使用してつくられたゼリーは、瑞々しい甘さ。

042-385-8181
小金井市本町6-14-33
JR中央線武蔵小金井駅南口徒歩1分
9：30～20：00
元旦のみ休み

国立　わらび餅
一真菴

わらび餅　¥315
くにたち最中　¥230

国立駅を出て、富士見通りをゆっくり歩いて20分ほど。1本右に入ったこぢんまりとした佇まいの和菓子屋さん。

042-580-2215
国立市西2-9-75
JR中央線国立駅南口徒歩20分
9：00～19：00
月曜休み

毎朝一緒のお友だち。

武蔵小金井　馬路音　バローネ

からだにやさしいパン作りを心がけているお店。三鷹や立川、調布や小平まで移動販売のパン屋さんとしても活躍中。

042-384-7315
小金井市本町6-1-12
JR中央線武蔵小金井駅南口徒歩3分
8：00〜20：00
日・祝日休み

国分寺　ラ・ブランジュリ　キィニョン　本店

フランス語でパンのはじっこを意味する「キィニョン」。2分の1、4分の1など食べる分だけ購入可能なので、小腹がすいたときにもピッタリ。国分寺のマルイやエキュート立川の駅ナカでも、おいしい香りを漂わせている。

042-325-6616
国分寺市南町2-11-23
リヴェールプラザ101
JR中央線国分寺駅南口徒歩4分
11：00〜19：00
水・日曜休み

拝　島　手作りパンの店　ベーカリー ピッコロ

何もつけずに、そのまま食べてもおいしいホテルブレッド¥440（ハーフ¥220）など、しっとりとして、かめばかむほど味わいが広がるパンたちが並ぶ。

042-545-1158
昭島市拝島町2-15-8
JR青梅線拝島駅徒歩15分
7：00〜19：00
土曜休み

昭　島　ブレッツェン

昭島駅から江戸街道を少し入ったところにある、女性スタッフばかりのお店。イチオシのバターロールをはじめ、素材にこだわったパンばかり。

042-546-0920
昭島市昭和町5-12-7
JR青梅線昭島駅南口徒歩3分
11：00〜17：00
日・月・祝日休み

中　神　寿屋ベーカリー

季節ごとに様々な種類のパンが並び、アンパンマンやトトロなどのキャラクターパンは、子どものハートをガッチリつかんでいる。

042-543-7515
昭島市朝日町3-12-16
JR青梅線中神駅南口徒歩5分
7：00〜18：00
月曜休み

ガッツリいきたい、ハム＆ソーセージ。

武蔵境　マイスタームラカミ

1934年創業の、地元で愛されるお店。塩分控えめの上質な豚ロースを使用したロースハムや、真っ白でやわらかな食感のミュンヘナーヴァイスヴルストなど、多種多様な品揃え。

0422-32-3166
フリーダイヤル
0120-141860
武蔵野市境南町3-19-8
JR中央線武蔵境駅南口徒歩10分
9：00〜19：00
日・祝日休み

武蔵小金井 吉祥寺　ケーニッヒ

吉祥寺店では、マスタードやピクルスたっぷりのホットドッグや、厚切りハムを挟んだマフィンなどの出来たてがその場で食べられる。

本店
042-381-4186
小金井市緑町5-17-22
JR中央線武蔵小金井駅
北口徒歩10分
10：00〜19：30
無休

吉祥寺店
0422-49-4186
武蔵野市吉祥寺南町1-17-10
JR中央線吉祥寺駅南口徒歩3分
10：00〜19：30
無休

国立　ノイ・フランク

国立駅北口の静かな住宅街を歩くと、おいしそうな香りに誘われてしまう。添加物を一切使わずに、丁寧な作業でつくられるハムやソーセージは、贈りものにもオススメ。

本店
042-576-4186
国立市東1-14-17
ＪＲ中央線国立駅
南口徒歩3分
10：00〜22：00
無休

スモークハウス店
042-573-8686
国立市北2-11-9
ＪＲ中央線国立駅
北口徒歩10分
10：00〜19：00
水曜休み

西八王子　燻製工房　グーテ

常時30種類ほどのハム・ソーセージやベーコンが並んでいる。ナチュラルチーズもあり、夏はバーベキューでスモークスペアリブを焼いて、冬はポトフやチーズフォンデュと、アイデアは果てしなく広がってしまう。

042-666-4186
八王子市散田町3-9-8
JR中央線西八王子駅南口徒歩3分
10：00〜19：00
日曜、第1月曜休み

福生　大多摩ハム

筋繊維が細かく、霜降りのとろける食感が魅力の豚肉「TOKYO-X」は、詰め合わせで￥4620。直営の自家製ハムと欧風地ビールレストラン「シュトゥーベン・オータマ」は福生駅のすぐ近く。

042-551-1321
福生市福生785
JR青梅線福生駅徒歩3分

直営店
042-551-1325
10：00〜21：30（火〜16：30）
土日11：30〜21：30
火曜休み（レストラン）

福生　福生ハム

マンガに登場するような、骨付きのハム。「一度食べてみたい！」と心に抱いた人も多いのでは？　ここ「福生ハム」では、その夢が叶ってしまう。豚のモモ肉を丸ごと塩漬けして、長時間かけてゆっくり加熱したこだわりの逸品は事前注文で手に入る。

042-551-4186
福生市福生789
JR青梅線福生駅東口徒歩4分
9：00〜17：00
木曜のみopen

いろんなおみやげ　買ってうれしい、贈ってしあわせ。

味噌　吉祥寺　SOYBEAN FARM　ソイビーンファーム

吉祥寺の東急百貨店近く、大正通りにある味噌料理のお店。常時24種類ほど店頭で販売している味噌は、贈りものにも喜ばれているそう。

0422-21-0272
武蔵野市吉祥寺本町2-15-2
JR中央線吉祥寺駅中央口徒歩7分
味噌販売は10：00～22：00
無休

雑貨　国立　SAP　サプ

スキンケアやタオル、子ども用品など天然素材で作ったものばかりを集めたお店。敏感肌や赤ちゃんにもうってつけの、人にやさしく、環境にもやさしい商品が並んでいる。

042-573-4780
国立市中1-7-75
JR中央線国立駅南口徒歩3分
10：30～18：00
日曜休み

味噌　立川　北島こうじ店

大正8年創業、老舗のこのお店では、北海道産大豆と自家製米こうじで作った無添加の味噌が購入できる。

042-524-3190
立川市錦町1-4-28
JR中央線立川駅南口徒歩5分
9：30～18：00
日曜休み

納豆　八王子　小堀栄養納豆店

「地釜造り経木納豆」¥110や「ひきわり納豆」¥100など、柔らかな食感で優しい味の納豆は、大量生産ではない昔ながらの製法でつくられている。

042-622-4532
八王子市天神町3-2
JR中央線八王子駅北口徒歩12分
6：30～20：00
日曜休み

チーズ　武蔵五日市　みやび　大多摩うまいもの館

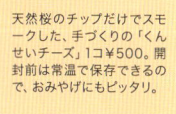

天然桜のチップだけでスモークした、手づくりの「くんせいチーズ」1コ¥500。開封前は常温で保存できるので、おみやげにもピッタリ。

042-597-7411
西多摩郡日の出町大久野6700
JR五日市線武蔵五日市駅からバスで「かやくぼ」下車
10：00～17：00
月曜休み

木の匙　国立　匙屋　さじや

国立駅南口を出て、立川方面の線路沿いを歩こう。引き戸がレトロな雰囲気のこのお店は、匙の製造・直売店。美しい曲線を描く匙たちは、赤ちゃんの離乳食用や茶匙など、すべてが指にすっとなじむ。お気に入りの1本を見つけたら、毎日のくらしがちょっぴり楽しくなるはず。

042-577-5075
国立市中1-1-14
JR中央線国立駅南口徒歩5分
12：00〜18：00
月・火曜休み

小匙 ￥1500、はじめての匙 ￥2800など。

オイル&ワイン　国立　フォムファス　国立本店

店名は、ドイツ語で「量り売り」という意味から。ヨーロッパ各国に170店舗ほどあるオイルとワインの量り売り専門店。
オリーブオイルやワインだけでなく、ビネガーやリキュール、ブランデー、ウイスキーなども揃う充実ぶり。
100ミリリットル単位で購入できるので、試飲をしながらお気に入りの味が見つけられる。

042-572-4741
国立市中1-9-30　国立せきやビルB1F
JR中央線国立駅南口徒歩3分
11：00〜20：00
無休

ツタのからまる喫茶店、ハケと呼ばれる
国分寺崖線、木漏れ日、せせらぎ、お鷹の道。
昔懐かし＆自然いい気持ちが背中合わせの国分寺。

国分寺駅

好きな作家にゆかりある町だから、こそっと、あこがれていた国分寺。今は、広い視野でどっしり構えた小さなお店に、おいしいごはん、やさしい暮らしをたっぷり、教えてもらっています。

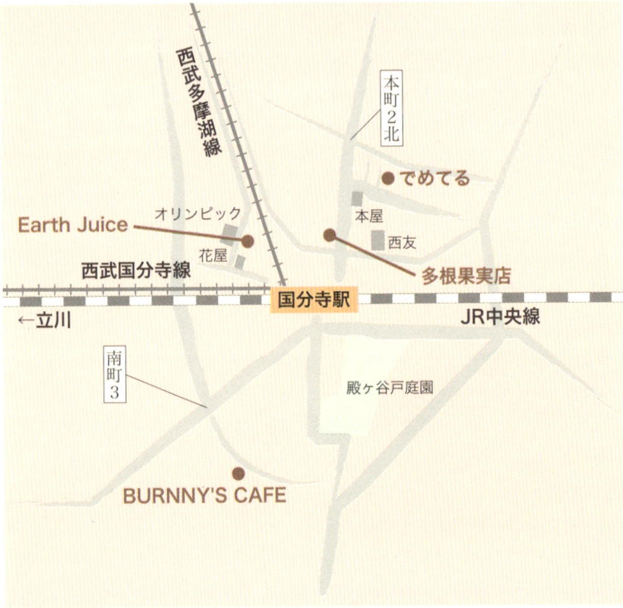

フェアトレードセレクトショップ

Earth Juice アースジュース

小さな店内に商品がぎゅーっ、熱い想いがぎゅーっ。オーガニックコットンのキャミソール、おからのクッキー、ナチュラルコスメ etc。暮らしに必要なものはひと通り揃うフェアトレードショップ。
POP読みながら一周すると、お金の正しい使い方が見えてくる。

東アフリカのカラフルな布、カンガ。さっと羽織って夏の冷房対策にも、インテリアにも。

042-321-3214
国分寺市本町4-13-12 1F
国分寺駅北口徒歩3分
11:00～19:30
不定休

Sweets

多根果実店

たねかじつてん

デンマークの放牧の牛のミルクをたっぷり使用。ほんとに牧草の香りがする
「国分寺チーズケーキ」¥800。
「高くても本当においしいものをわかってほしいんです」
と3代目の延命真一郎さん。

「夏には店先でスイカ割って食べてもらってました」。のどかな昭和を知る貴重な果物店のもうひとつの顔は、ケーキ屋さん。3代目の延命真一郎さんがパティシエです。ショーケースがまたひとつ増えて、大変、もうフルーツを並べる場所がありません。

042-321-0180
国分寺市本町3-2-19
国分寺駅北口徒歩1分
11：00〜24：00
不定休

BURNNY'S CAFE AND RESTAURANT

バーニーズカフェ

店内のようすが見えなくて入るのを一瞬ためらってしまったけれど、扉開けると、ほっ。ほのぼのアットホーム。
「僕らが欲しかった空間をつくりました」と、大学時代の仲間、茨城県出身の菊地祐哉さんと伊豆大島出身の福田真さん。
学生もおばあちゃんも、みんなゆっくりのんびりしていきます。

042-304-0250
国分寺市南町3-3-20　ロイヤルプレイス南町1F
国分寺駅南口徒歩5分
11:30～23:00（金土～24:00）
ランチ11:30～14:30
月曜休み

若者よ（昔の若者も）、これが本物の「ハンバーガー」です。大きな口を開けてガッツリと。

「ブルーベリーとホワイトチョコレートのベイクドチーズケーキ」￥500。もしや、国分寺にチーズケーキブーム到来？

玄米ごはん

でめてる

日本一玄米ごはんがおいしいお店、と言ってしまおう。うれしいことに「飲む態勢もいつも整っていますよ」と店主・鈴木朋恵さん。開店当初からおひとりさま大歓迎。店先には短冊切りの大根が干されていて、「半日干すだけで煮崩れないのよ」と知恵も分けてもらえます。
願わくば、週に1度は訪ねたい。

仕事帰りに立ち寄って、定食の前にまずは「エビスビール小瓶」¥400と「卵の袋煮」¥210で「お疲れさま」の乾杯。

私の友だちで仕事仲間の、石渡希和子さんと一緒につくった本も並んでます。

自慢の自家製果実酒は玄米焼酎を使います。
きれいな色、さわやかな風味の「りんご」¥320。
お酒にはお通しがサービスで、今日は「大根漬け」。
山椒が効いておいしっ。
「玄米コロッケ」¥210も食べてみたくなりました。

仕上げに「本日のでめてる定食」¥1100。
・凍豆腐とじゃこのかき揚げ
・大根の煮もの
・おひたし
・ひじき煮
・さつま芋のマヨネーズサラダ
・玄米ごはん
・味噌汁
お酒も飲んでお腹いっぱい、しかも栄養100点満点の
晩ごはん、ぜんぶ合わせて¥2240。

042-323-9924
国分寺市本町2-14-5
国分寺駅北口徒歩3分
11:00〜16:00(15:30 LO)
17:00〜21:00(20:30 LO)
日曜休み

国立駅からまっすぐ南、桜並木の「大学通り」、朝陽を望む東へ「旭通り」、夕陽の西へ「富士見通り」。路地入ルで見つけた、空色のバイク。

国立駅～谷保駅

煮詰まった仕事やぐうたら暮らしに、スパイスをふりかけたいとき、国立界隈をめざします。
好きなお店をぐるぐるめぐって、しわしわハートに刺激をパッパ。
エネルギーをたっぷり充電できるまち、うちからたった30分の、日常のリゾートです。

国立本店

まちの情報いろいろ集まります。
国立散歩、ここから、よーいどん。

「何のお店だろう？　と思ったら気軽に入ってきてください」と店長の和久倫也さん。普段はなかなか顔が見えない、デザイナーさんや建築家さんの企画による、ワクワクいっぱいの古本屋＆ギャラリースペースです。
家づくりやリフォームの夢がカタチになるかも。

042-575-9428
国立市中1-7-62
国立駅南口徒歩3分
12:00〜17:00
火曜休み
http://honten.chub.jp/

BROCANTE et CAFÉ Somoan
ソモアン

探しものが何もなくても、何かが見つかる不思議。

ケイコさんとシローさんが、のびやかな
時間を紡ぐBROCANTE et CAFÉ。
「わっ、前来たときと感じが違うー」
「そう、しょっちゅう変わるのよ」
ボタン1個、古布のかけら、ん？
これは何？
どこから来たんだろう。
海を渡って、空を越えて、
魔法使いのようなケイコさんの「チチン
プイプイ」でここに集まったのかもしれ
ないと、本気で思ってしまいます。

042-572-7787
国立市東1-6-13　パティオマグノリア2F
国立駅南口徒歩2分
11:30〜18:30
日・月曜休み

「お昼ごはん」は、シローさんがつくる「うちのごはん」。
シローさんがお店に来る途中に仕入れる地場野菜を使ったおかず、玄米ごはん、スイーツ、コーヒー、￥1300。

器＆雑貨

黄色い鳥器店

他ではあまり扱っていない作家さんの作品を、全国から。
お手頃価格の普段づかいが揃います。

たんぽぽ色の鳥が目印の、器と雑貨のお店です。
「ここに来てちょっとしあわせ、と思ってもらえたら」と、高橋千恵さん。
はい、思いました。
「ちょっと」じゃなくて、「とっても」。
たんぽぽ色のしあわせの鳥、見つけただけでハッピー。

042-537-8502
国立市北2-33-11
国立駅北口徒歩12分
11:00〜18:00
月・火曜休み
http://www.kiiroi-tori.com

Italian

IL GIRASOLE
イル・ジラゾーレ

「野菜たっぷりのトマトソース」¥1200は、野菜がなんと8種類！　北イタリアの味「ボロネーゼ」¥1250。ランチ（パスタ・サラダ・フォカッチャ）は¥950。

2月のある日の「アンティパストミスト」（¥750～1800）は、腰折りエビのロースト、ヤリイカのトマト煮込みなどが。

メニューには40種類以上のパスタがあるけれど、お馴染みさんになれたなら、固さ・好み・その日の体調で、ひとりひとりに合ったオーダーメイドのパスタがつくってもらえます。
「子どもがお皿をなめてくれるのが一番うれしい」とオーナーシェフの杉本繁さん。子どもになりたいっ。

042-573-6455
国立市東3-5-1
国立駅南口徒歩15分
12:00～14:30（LO）
18:00～21:45（LO）
月曜休み

Cafe

WILL cafe
ウィルカフェ

お菓子は国産小麦粉、発酵バターなど素材のていねいなHome made。
季節の定番「りんごとさつま芋のケーキ」とオリジナルブレンドハーブティー「フレンチ・ハピネス」。セットで￥850。

思わず「かわいっ」と声が出てしまう四角いおうちに、小さな看板。ここ、ここ。
友だちのきわちゃんがクリスマスのクッキーを買ってきてくれたお店。
木の扉を開けて、また「かわいっ」。しあわせの空気に包まれます。
ランチには旬の野菜でつくるキッシュも。
次はお昼に来よっと。

042-571-3034
国立市谷保5233-13
谷保駅南口徒歩2分
12:00〜18:30
木・金・土曜 open
http://www.will-cafe.com/

オーガニックカフェ

木火土金水 もくかどこんすい

醤油の樽を再利用したテーブル、天井は古民家の煤竹、床の下には炭。自然素材100%。

木曽の麹屋さんの「甘酒」¥400と「小倉あんと抹茶のケーキ」¥400（単品）¥750（ケーキセット）。お昼ごはんに、売り切れたらおしまいの日替わり定食があります。

一歩入ると空気がすがすがしくて、スーッ、ハーッ、思わず深呼吸。思いきりリラックス。
店名の由来や食べもののことがていねいに綴られた手書きメニューを読んでいるうちに、お店を切り盛りする野上久子さん、麻子さん母娘とおしゃべりしたくなりました。

042-572-2130
国立市中2-3-6
国立駅南口徒歩7分
11:00〜18:00
ランチ12:00〜14:00
木曜休み

ゆるーくほどける、天然温泉

旅の途中で、日常から離れてほっとひといき。
買い物しながら、東京の真ん中で便利に活用。
そんな温泉の使い方もあるけれど、おうちの近くにある「多摩の温泉」、入りませんか。あっという間に到着して非日常の時間が過ごせる、充電スポット。

取材・文／編集部　写真提供／掲載温泉

三鷹　天然温泉むさし野　湯らく

露天風呂や瞑想浴など7種類の海水温泉浴場は、塩分成分がたっぷりなので、ダイエット効果があるそう。バリ式エステ、スパエステ、タイ古式などのリラクゼーションが豊富な施設。
地下にある岩盤浴には、「北投石」という薬石が使用されていて、美肌効果がバツグン。

大人　¥1560
会員　¥1260
小人（4歳〜小学生）¥1050
＊タオルセット・館内着付き
岩盤浴（60分）¥1050　平日フリータイム
＊ 朝風呂クイックコース、
　ミッドナイトクイックコースなどもあり

0422-52-1611
武蔵野市八幡町1-6-10
JR中央線三鷹駅北口から無料送迎バスあり
平日6：00〜24：00　土日祝6：00〜25：00
無休（メンテナンス休館あり）

豊田　多摩テック　クア・ガーデン

大浴場の大きな窓から多摩丘陵の景色を眺めると、日頃の疲れはすーっとどこかに行ってしまう。温水プールでガンガン泳いで、すっきりしたらリラックスルームでひと休み。丸一日ゆったり過ごしたら、からだがふわっと軽くなる。

大人　¥1800　入湯料　¥150
小人（3歳〜小学生）¥1200

042-591-0888
日野市程久保5-22-1
JR中央線豊田駅からバスで「多摩テック温泉入口」下車、
多摩モノレール・京王線多摩動物公園駅から直通バスあり
10：00〜22：00（受付〜21：00）
不定休

東大和市　小平天然温泉　テルメ小川

真っ白な壁、煉瓦造りの屋根が印象的な南欧風建物と、古代ローマのパティオをイメージした露天風呂。まるでヨーロッパに足を踏み入れたような気分に！
岩風呂などの和風風呂もあり、男女日替わり制なので訪れる度にガラッと雰囲気が変わる。

大人　平日　¥800　土日祝　¥1000
小人　平日　¥500　土日祝　¥600
レンタル　タオルセット　¥200

042-344-1126
小平市小川町1-2494
西武拝島線東大和市駅徒歩20分
またはバスで「小川寺」下車
10:00〜23:00（受付〜22:15）
第2水曜休み

八王子

スパ&ホテル　八王子温泉　やすらぎの湯

「お風呂に入ってリラックスしたい！」と突然思いたったら、駅から3分でたどり着いてしまうのです。タオルも何にも持たずにふらっと入って大丈夫。一歩足を踏み入れると、街中の喧噪は一瞬で消え、しっとりと落ち着いた雰囲気。
2007年12月にオープンしたばかりのバリ風岩盤浴は、多摩地域では最大級の広さ。ブラックゲルマニウムや岩塩など5室もあり、女性専用の部屋もある。アメニティも完備されているので、リフレッシュと一緒にキレイも持ち帰れる。

大人　平日　¥1600　土日祝　¥2000
小人（小学生）¥800
幼児（3歳～未就学児）¥600
＊タオルセット・館内着付き

岩盤浴（2時間）
大人　平日 ¥1600　土日祝 ¥1800
やすらぎの湯利用時（時間制限なし）
1回 ¥800

042-648-5111
八王子市中町2-1
JR中央線八王子駅北口徒歩3分
10：00～翌8：00（受付～25：00）
岩盤浴 11：00～23：00
無休（年数回メンテナンス休館あり）
http://www.yu-granspa.com/

調布 武蔵境　深大寺温泉　ゆかり

檜の香り漂う、和の雰囲気たっぷりの温泉処。14種類の温泉は健康を考えられてつくられた、風水温泉。マイナスイオンたっぷりの五色湖・滝見風呂や、香り風呂、高見檜風呂、備長炭水風呂など、その日の体調や気分でセレクトできる。

大人　¥1650
小人（3歳～小学生）¥1000
＊タオルセット・館内着付き

042-499-7777
調布市深大寺元町2-12-2
京王線調布駅・JR中央線武蔵境駅から送迎バスあり
10：00～22：00
第1水曜休み

多摩境　天然温泉　いこいの湯　多摩境店

緑に囲まれた中のんびりできる、源泉かけ流しの露天風呂は開放感たっぷり。内湯の「彩りの湯」も、コラーゲン、コエンザイムQ10、ヒアルロン酸などの日替わりで様々な風呂が楽しめる充実ぶり。カットサロン、エステルームも併設されていて、髪からつま先までキレイになれる。

大人　平日　¥700　土日祝　¥900
小人　平日　¥400　土日祝　¥500
岩盤浴　¥350（浴衣・マット付き）
レンタル　タオル　¥60
　　　　　バスタオル　¥120
　　　　　館内着　¥80

042-797-4126
町田市小山ヶ丘1-11-5
京王線多摩境駅徒歩20分
またはバスで「小山上沼公園」下車徒歩5分
9：00～25：00（受付～24：00）
偶数月の第1火曜休み
http://www.for-yu.com/tamasakai

上北台 玉川上水　村山温泉　かたくりの湯

のんびりゆったりあったまるのもいいけれど、たまには温水プールでしっかり運動、健康づくりもオススメ。アクアビクスやのんびりヨガ、関東初の水中でシェイプアップ運動ができる、アクアジムも完備。
「温泉スタンド」では、100リットル100円で温泉を持ち帰れるので、自宅のお風呂が温泉に早変わり！

大人　¥700　土日祝　¥800
小人（3歳～小学生）¥350　土日祝　¥400

042-520-1026
武蔵村山市本町5-29-1
多摩モノレール上北台駅・玉川上水駅からバスで「かたくりの湯」下車
10：00～23：00
第3木曜休み

武蔵五日市　ひので三ツ沢　つるつる温泉

ハイキングの帰りに立ち寄る人も多い、山里の中に佇む天然温泉。週末のみ営業する、広々とした景色が広がるパノラマ食堂でいただく釜飯も、楽しみのひとつ。機関車バス「新型青春号」に乗って、旅行気分が満喫できるスポット。

大人　¥800　　小学生　¥400

042-597-1126
西多摩郡日の出町大久野4718
JR五日市線武蔵五日市駅から「つるつる温泉」行きバスで終点下車
10：00～20：00（受付～19：00）
火曜（祝日は翌日）休み

立川駅周辺は、多摩のおへそのようなまち。
昭和記念公園の芝生で、ごろんとお昼寝コース。

立川駅

雨が降ったら迷わず、立川。
なんてったって、映画と本が元気なまちだから。
リザーブした映画の上映時間によって今日のプラン立て。
ウインドウショッピング→ごはん→映画→ビール　とか、
本屋さん→映画→ごはんとビール　とか。
山へ向かう青梅線、川崎へ向かう南武線、空を走るモノレールが行き交います。

テイクアウト

ecute Tachikawa
エキュート立川

すご腕パティシエのコンクール会場のようなエキュートのスイーツ売り場。
目の保養を通り過ぎて、目がまわっちゃうくらい。
ど・れ・に・しようか迷ったら、多摩にゆかりあるショップから選ぶのも名案です。

キャラメルショコラ￥378、シャルロットフレーズ￥420

Quatre-Quats キャトルキャール
042-521-5172

素材本来の味わいを生かした、随所に工夫が散りばめられているケーキが並ぶ。小金井本店には、カフェスペースも。

ミルクトップセレクション￥1000

MILK TOP ミルクトップ
042-521-5171

国立の旭通りに本店があるヘルシーアイスショップ。カロリー控えめなので、ダイエット中にもオススメ。

たことトマトのパスタサラダ￥550

V PLETTE ヴィ パレット
042-521-5164

野菜を中心として、サラダやお弁当、パスタなど、自然の恵みをからだいっぱいに享受できる商品ばかり。

マカロン詰め合わせ（6コ）￥1365

DALLOYAu ダロワイヨ
042-521-5183

自家製コンフィチュールを使ったフランボワーズや、濃厚なクリームがたっぷり入ったチョコレートなど、色とりどりでさっくりとした皮が特徴のマカロン。

ジュダンギフト￥2520

cheese-oukokupatisserie Judan
チーズオウコクパティスリージュダン
042-521-5196

世界各国のチーズが選べるギフトセット。写真は「しっとり」のニュージーランド。ほかに「なめらか」の日本、「さっぱり」のフランス。

042-525-8910
立川市柴崎町3-1-1
エキュート立川2F
立川駅改札外
9:00〜22:00
（日祝〜21:00）
無休

Book & Cafe

PAPER WALL CAFE

ペーパーウォールカフェ

高めのカウンター、大きなテーブル、ゆったりソファー。いろんな席があるエキナカのブックカフェ。私の特等席は電車が見える窓際です。
あと電車5本分だけ、本を読んだら、帰ろっかな。

7:00～11:00はモーニングメニューがあります。
セットA「パンケーキ」¥500。

15:00～のメニューはおつまみも充実。
「ソーセージ＆チーズ」￥750。
「ギネスビール」￥600。

042-521-5254
立川市柴崎町3-1-1 エキュート立川2F
立川駅改札内
7:00～23:00
(日祝～21:00)
無休

オリオン書房 ノルテ店&ラウンジ

なんと50万冊が並ぶ広々フロア。専門書、児童書が充実です。買った本をすぐに読める静かなラウンジがあって、サイン会やトークショー、親子のおはなし会の会場にも使われます。

042-522-1231
立川市曙町2-42-1 パークアベニュー3F
立川駅北口徒歩3分
10:00〜21:00（ラウンジのみ〜20:00）
1/1休み

NY BOOK CAFE & BEER
& オリオン書房 アレア店

アート&デザイン系書籍の棚に惹き付けられて、この棚まるごと抱えて帰りたいくらい。隣にはスタンディングバー風のカフェ。冷たいアイスや輸入ビールがあって、待ち合わせやひと休みのベストスポットです。

NY BOOK CAFE & BEER
042-523-8930
11:00〜24:00（23:30LO）

オリオン書房
042-521-2211
立川市柴崎町3-6-29
アレアレア2 3F
立川駅南口徒歩1分
10:00〜24:00
無休

ヴァンセット
Restaurant 27

お花屋さんの2階。シェフの大澤聡さん、パティシエ＆ソムリエの愛さん、揃ってワイン好きのふたりが迎えてくれます。仏映画を観た余韻を、このふんわり優しい雰囲気の中で、食事とともに味わうのも名案。

西国分寺の神山農園の新鮮野菜を使います。「長野産のウサギのテリーヌ 季節の野菜添え」

「仔羊のロースト　エキゾチックスパイス風味」。
ランチコースは￥1890〜、ディナーコースは￥3675〜、ボトルワイン￥3150〜。

042-526-6716
立川市柴崎町3-5-2 むつ花ビル2Ｆ
立川駅南口徒歩5分
12:00〜15:00（14:00 LO）
18:00〜23:00（21:30 LO　日祝21:00 LO）
月曜休み
（普段は小学生以下不可ですが、第３日曜は子ども連れ歓迎です）
http://www.restaurant27.hello-net.info/

Bar R

第3土曜日21:00～はジャズ系のDJナイト「余韻」。

バーは、お酒と音楽がある銭湯のよう。
一日の疲れにすごぶる効くのです。
お酒のことを知らなくても、棚にずらりと
並ぶボトルから気になるものを選んだり、
飲みたいお酒の種類・味・イメージを伝える
だけでオーダーはOK。
あとはバーテンダーさんにすっかりお任せ。

042-527-7077
立川市柴崎町2-2-13　2F
立川駅南口徒歩3分
19:00～4:00
無休
http://www.bar-r.com/

お酒に合う「自家製チョコレート」¥630。
ハーフでもオーダーできます。
赤ワインの樽で寝かせた「グレンモーレンジ
バーガンディウッドフィニッシュ」¥940。
シガーにも合う「ポートワイン」¥1050。

「あまり甘くない、さわやかなカクテル」とリクエスト。その手がつくるのは「桜のスパークリングワイン割り」¥1050。

高尾山から眺めると、思った以上に
緑もくもく八王子。
「緑が空気をおいしくしているため、
いつもよりお腹が減るでしょう」。
これ、八王子注意予報。

八王子駅〜高尾山口駅

水面がきらめく多摩川を越えると、もうすぐ八王子。
甲州街道のそぞろ歩きも、頂上をめざす山歩きも、くいしんぼうが楽しめる地図が広がります。
東京の西の、ひろーい空の下、のんびりゆっくりリフレッシュ。

明治の森国定公園
高尾山

山頂まで徒歩1時間30分。ケーブルカーなら中腹までひとっ飛び。

キラキラ光る海、江ノ島まで見えたよ。

門前の茶屋の「焼き団子」でひと息。

空を見て「青」なら進めの遠足日和。
おにぎりつくってお茶持って、足元はスニーカー。
歩くこと、それから、天空から下界を見下ろすのが快感。
空気がキリッ。気持ちがシャン。
地球の上のちっぽけな自分を見つめ直します。

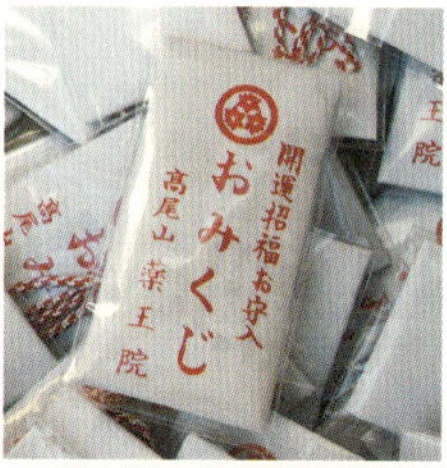

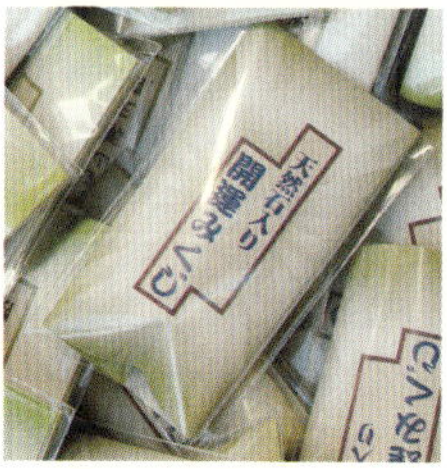

サル園・野草園
042-661-2381
10:00〜16:00（季節によって異なる）
高尾山HP
http://www.takaotozan.co.jp/

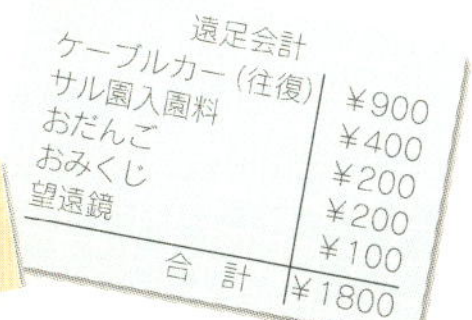

遠足会計
ケーブルカー（往復） ¥900
サル園入園料 ¥400
おだんご ¥200
おみくじ ¥200
望遠鏡 ¥100
合計 ¥1800

牧場

磯沼ミルクファーム

「酪農のおもしろさを伝えたい」と磯沼正徳さん。
体験もできるオープンファームです。
子牛から一度もつながれることなく群れで暮らす牛たちは、静かでおだやか。乳のおいしさのゆえんです。さあ、アルプスの少女ハイジになりに行こう。

「ジャージープリン天使のほほえみ」￥420。
八王子道の駅、中央道石川PAでも販売。
「磯沼ミルクファームチーズケーキ」￥1500。

チューチューされて、気持ちいい〜。

今朝産まれたばかりの子牛に会えました。
牛舎にはカカオの殻を敷いています。

042-637-6086
八王子市小比企町1625
山田駅徒歩8分
http://www.kasanushi.com/

晶山茶葉店／たたみぜ

「半発酵のウーロン茶、東方美人です。美人になれるお茶ですよ」
「ホントですか？」

おままごとのような中国茶の道具。使うほどに馴染んで「茶器が育つ」楽しみも。

「このお店では、作法はないんですよ」と店主の大塚晶子さん。大切なのは、香りと色と味をゆっくりと楽しむ、それだけ。
昼は五感を呼び覚ます中国茶と効能がうれしいハーブティー、それからお茶に合うオリジナルのお菓子。
夜は看板が変わって、ワインとそば粉のクレープ「ガレット」が主役です。

「本日のデザートスペシャル盛り合わせ」。
パウンドケーキ2種「大きな栗＆抹茶」「プーアール＆松の実」、豆腐花、ドライフルーツ。

042-646-9005
八王子市明神町3-18-10 1F
八王子駅北口徒歩3分
晶山茶葉店 12:00〜18:30
月曜休み
たたみぜ　18:30〜23:00 (22:30 LO)
日・月曜休み
http://www.shozan-tea.com

天然酵母パン

パンと菓子工房
グルヌイユ

お友だちのパティシエールさんが
つくる仏の伝統菓子。
土曜日に届きます。

「カムットパン」¥620、
「なつめやしパン」¥840、
「シナモンレーズンベーグル」¥170

シカやタヌキもやってくる田舎、いえいえ、自然の中で、自家製酵母のパンとお菓子をつくる金光さんと渡辺さん。
コツコツ、でも大らかな。そんな仕事ぶりがうかがえます。
3人でおいしいお店の立ち話。揃って、くいしんぼうオーラが出てますね。

090-2753-2018
八王子市下恩方町215
高尾駅北口から恩方車庫行きバスで15分
「恩方車庫」下車徒歩5分
12:00〜売り切れまで（18:00くらい）
金・土・日曜 open
http://www.pain-grenouille.com/

「おひとりさま」の楽しみ方

誰かと過ごす時間もいいけれど、たまにはいつもの忙しさからふっと離れて「ひとり時間」を楽しみましょう。初めて訪れる場所は、足を踏み入れるときに勇気がいるもの。「おひとりさまwelcome！」と両手を広げて迎えてくれる、そんな懐の深いお店ばかりをご案内。

自分と向き合う時間を楽しめることこそ、「大人のオンナ」の証なのです。

取材・文／編集部

吉祥寺　*SEINA CAFE*　セイナカフェ

吉祥寺駅からすぐのこのカフェは、「ひとりでゆるゆる」過ごせる場所。
赤と黒を基調としたシンプルな店内に入ると、ご主人の愛娘「セイナ」ちゃんのほがらかな笑顔が迎えてくれる。
リゾットやパスタ、フォカッチャなどのおひるごはんも豊富だけれど、外せないのが「ニューヨークチーズケーキ」。どっしりしっかり濃厚でいてしつこくない味わいは、たっぷり食べたあとでもスルスルとお腹に入ってしまう。
「今度はプディングにしよう！」
といろいろな味を制覇したくなる、お気に入りの居場所になるはず。

ニューヨークチーズケーキ	¥480
ショコラチーズケーキ	¥480
クリームチーズのプディング	¥480
ケーキセット	¥860
プレミアムエスプレッソ	¥550
カプチーノシナモン	¥520

0422-29-0311
武蔵野市吉祥寺本町1-25-10-B1
JR中央線吉祥寺駅中央口徒歩3分
11：30～24：00（23：00LO）
不定休

三鷹

boa sorte　ボアソルティ

紅茶好き、おやつも好き、ひとりでゆっくり過ごすのも好きな人、こちらへどうぞ。カウンターに座り、充電スイッチをオン。ジャムとクリームをたっぷりつけていただくスコーンがあれば、しあわせなひととき。コーヒーも5種類ほどあり、毎週木曜日に焙煎したての豆が届く。

読書したり、ぼんやりしたりで肩の力が抜けたあと、「また明日も頑張ろう！」とムクムク元気が湧いてくる。

ティンブラ	¥520
スコーン	¥450
パスタランチ	¥880〜

0422-44-5735
三鷹市下連雀3-16-17
JR中央線三鷹駅南口徒歩5分
9：00〜20：00
第2・3・4水曜休み

吉祥寺

cafe Amar　カフェアマル

日替わりランチプレート	¥980
Amarのサラダ 色々野菜とキヌア	¥1000
トマトヨーグルトカレー （クスクスor五穀米）	¥1000
ディナープレート	¥1200
タルトタタン	¥600
グラスワイン	¥450

ガラス張りの外観、すっとからだになじむソファー、蝶々が飛ぶ中庭、そして天井から吊り下げられた、2人乗りのブランコ。目に入るすべてのものが胸に響いて、乙女ゴコロがくすぐられる。

「フランスの女の子、アマル」をイメージしてつくられたこのお店は、アンティーク調の家具が配され、しっとりくつろげる雰囲気。中庭には残念ながら入れないけれど、ブランコの席は空いていれば使用可能。うれしくて、ついつい揺らしすぎないよう注意が必要。

ハンバーグやライスコロッケにお肉は一切入っておらず、レンズ豆などヘルシーな食材を使ったものばかり。意識したわけではなく、「好きなものをつくった」結果、オーガニックな料理ばかりに。

からだにもこころにも優しく届く、少女時間を過ごしましょう。

0422-23-8877
武蔵野市吉祥寺本町1-34-2　白石ビル1F
JR中央線吉祥寺駅中央口徒歩5分
12：00～23：30
ランチ12：00～15：00
ティータイム15：00～17：00
ディナー17：00～23：30
（フード22：00LO、ドリンク22：30LO）
無休

萩山
青梅街道

café Air　カフェエール

窓から眺める外の風景は、のどかな畑と黄色い電車。西武多摩湖線と並行した萩山通りにある、南欧風カフェ。
パンかライス、サラダ、コーヒーが付いた「本日のランチ」は1日限定10食。無添加、手づくりのシフォンケーキやクッキーは、テイクアウトもできる。
「自分がお客だったらうれしいこと」を基本につくられた空間は、店名の「空気」そのままに、なくてはならない存在になりそう。

ケーキセット	
シフォンケーキ	¥650
タルト	¥600
本日のランチ	¥870
フォカッチャサンド	¥870

042-344-9020
小平市小川東町5-21-10
西武拝島線萩山駅徒歩7分、多摩湖線青梅街道駅徒歩4分
11：00〜18：00
日・月・祝日、月2回土曜休み

吉祥寺 *café Room-1022.*

「こんにちは、遊びに来たよ！」
友だちのおうちを訪れたような、うきうきした気持ちになる隠れ家的カフェ。部屋番号「1022」と書かれたドアを開けると、趣の異なるいろいろなイスたちが。
「今日はどこに座ろうかな？」
自家製パンや手づくりケーキ、玄米ごはんのヘルシーなランチなど、女性ひとりで切り盛りしているとは思えないほど、豊富なメニュー。
おいしいお茶であったまって、甘いおやつでほっとひと息。
毎日の忙しさでトゲトゲしていた気持ちが、まあるくやわらかくなる。

中国茶	¥600
カフェオレ	¥550
手作りパン	¥200
バナナケーキ	¥400
グラスワイン	¥500

0422-48-8672
三鷹市井の頭4-14-11-1F
JR中央線吉祥寺駅公園口徒歩17分
12：00〜22：00（21：30LO）
水曜休み

西八王子

NEPAL CURRY　奈央屋　　ネパールカレー　なおや

23歳でオープンさせた、梅村奈央さんのネパールカレー店。カウンターもあるので、おひとりさまにうれしい。
チキンカレーやキーマカレーなど、手間ひまかけた本格的な味がワンコイン！
辛さの好みもオーダーできるのです。
店内にはアジアンテイストの雑貨なども飾ってあり、カレーを味わいながらエスニックな世界にしばしショートトリップ。

カレー各種	¥500
ランチのセット	¥750
夜のセット	¥950～
休日限定ケーキセット	¥500～

042-668-9958
八王子市千人町3-3-3
JR中央線西八王子駅北口徒歩3分
11：00～14：30、18：00～22：00（21：30LO）
土日祝　11：00～21：00
月、第1火曜休み

水辺が楽しいウォータータウン、昭島。
多摩川沿いにはくじら運動公園や
のんびり歩ける土手もある。

西立川駅～昭島駅

にぎやかな立川駅から、奥多摩へ続く
青梅線に入ります。
ほんの10分で昭島駅。
地下水100%のおいしい水が有名です。
クジラの化石が発見されたと聞けば、
空の雲が、クジラに見えてきませんか。

Book

新幹線図書館
(市民図書館つつじが丘分室)

運転席にも入れて、警笛を鳴らすのもOK。

特に、絵本・児童文学が充実。

瑞雲中学校近くの公園に停車中の新幹線、車内は図書館です。
シートにゆったり座って、旅の途中の読書タイム。
お弁当やビールの車内販売はありません。あしからず。

042-545-5448
昭島市つつじが丘3-1-30
昭島駅北口徒歩5分
12:30〜17:00
月・祝日休み
＊貸出しは昭島市在住・在勤・在学の人のみ

Kiari　キ・アリ

壁はギャラリー。この日は合津家のハーブ＆野菜ガーデンの写真展でした。

イタリアン精進セット「ピタゴラス」￥1302。ミネストローネ、まいたけとトマトソースのスパゲッティ、デミカフェ、夏みかんピール。

南房総の三芳村で34年間無農薬・無化学肥料を続ける畑の野菜のおいしさがダイレクトに伝わる合津みゆきシェフの料理は、本場イタリアの物語のあるレシピ。食べるって楽しい！　大切！　って訪ねるたびに心底実感します。

042-544-2323
昭島市田中町562-8 昭和第一ビル北館1F
昭島駅北口徒歩1分
11:30〜15:00、17:30〜22:00
月・火曜休み
http://www.kiari.jp/

お魚料理を食べたくて。エキストラバージンオイルだけを使ったぜいたくな「アジのアクアパッツァ」￥1200。

雑貨 & Cafe

Pate a chou
パトアシュ

宅配書店「サンタポスト」さんから届く絵本。おとなもこどももついつい手が伸びちゃう。

カフェメニューは、フェアトレードの東ティモールのコーヒー、マサラチャイ、黒みつカフェオレなど。

大好物のお豆のように、かわいくておいしくて栄養たっぷりなショップ。やわらかな笑顔、ナチュラルな暮らしのアイディアの持ち主の店主・藤田さんに会えたら、それが今日一番の「よかった」。

090-6143-6115
昭島市東町3-14-9
西立川駅徒歩8分
10:00～17:00
日・月・祝日休み（ときどき臨時休業あり）
HPでご確認ください
http://micc.sakura.ne.jp/patoashu/

「リトル・アメリカ」とも呼ばれた福生。たくさんあった平屋の米軍ハウス、今もちらほら残っている。

牛浜駅〜福生駅

横田基地がすぐそこにあるから、アメリカの風を感じずにはいられません。ここで生まれた音楽や小説、カルチャーたくさん。サクセスストーリーの滑走路だった国道16号線を、探検気分で、Let's go！

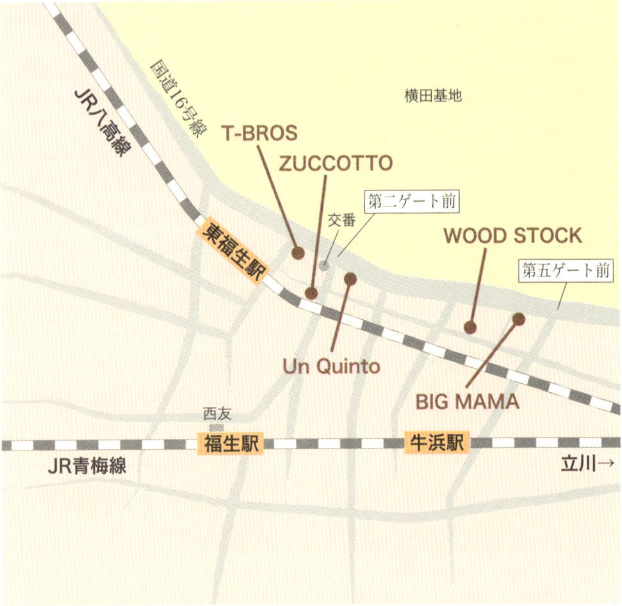

T-BROS. FUSSA
ティーブロス

フロートをつくりたくなるグラスから、家には置けない自販機まで、コカ・コーラのグッズ、懐かしくって楽しい。
丈夫で実用性のあるキッチン小道具、子ども用の雑貨も揃います。

冷蔵庫は、洋服や本の収納用に買い求める人も多いって、なるほど！

042-539-1606
福生市福生2172
福生駅徒歩15分
11：00～19：00
年末年始休み

Italian

Un Quinto
ウン クイント

ハウスをリメイクして1982年オープン以来、地元の人御用達。
一瞬たじろいでしまうボリューム、お腹ペコペコおさんぽランチに、うふふ。
イカ墨とボンゴレビアンコとさんざん迷って選んだのは、、、

042-552-6052
福生市福生2270-B15

福生駅徒歩15分
11：30～15：00（14：30 LO）
17：00～22：30（22：00 LO）
無休

「トマトとパルミジャーノのスパイシースパゲッティ」！　ガーリックトースト、食後のコク深いコーヒーもついて￥1000とは満足度高しっ。

夜は豊富なアラカルトとお手頃ワインで、わいわい乾杯。

BUY YOUR USED FURNITURE!!
70's furniture only. Please contact us!
phone / 042-552-6274
e-mail / decodemode@rose.ocn.ne.jp
DEMODE USED FURNITURE STORE
DECODEMODE

雑貨

BIG MAMA

毎日のように新着商品が並びます。
ファイヤーキング、やっぱり人気。

1950～70年代のポップでキュートな生活雑貨や家具が店内にあふれんばかり。店長の広川さんは買い付けにも飛ぶ忙しい日々のかたわら、「16号周辺店舗マップ」づくりや駐車場整備など、まちのPRにも力を注いでいます。

042-551-8144
福生市福生二宮2485-1
牛浜駅徒歩8分
13:00～20:00
無休
http://www.big-mama.jp/

ガーデニング

WOOD STOCK

履き込んだ靴のハンギングバスケットがユニーク、と思ったら、ガーデニングショップでした。
斑入りや銅葉のシックなグリーンや、一点もののパンジーなど、ちょっと珍しい植物がいっぱい。

ハウスのお庭がそのままショップに。

042-552-4145
福生市福生2353 サンハイツH-17
牛浜駅徒歩10分
10:00〜日没
水曜休み

THE DEMODE HEAVEN AND ZUCCOTTO

ゆるぅくくつろげるレストランバー。シンプルでアメリカンなケーキは、イートインならホイップ、アイスをデコレーション。
大きさにびっくりして「ちょっとあげるね」と言ったけど、結局全部食べちゃった。

店名がついたケーキ「ズコット」¥550、「セイロンティー」¥480。

042-553-5851
福生市福生2223
福生駅徒歩10分
11:30〜22:30(22:00 LO)
無休

「ロス郊外ガスステーションのホットドック」
「メキシコ国境近くのチリドック」など、フードメニューもアメリカン。

子どもと一緒の多摩生活

静かなカフェや、小さい雑貨店。小さい子どもが一緒だと、入りにくい雰囲気のお店ばかりで、ため息をついているママも多いのでは？

「子どもも大人も楽しめて、周りにも迷惑をかけない場所」。

子どもwelcomeのカフェなど、マナーをきっちり守れば、みんなで笑顔になれるところが実はたくさんあるんです。

取材・文／編集部

吉祥寺　*ATELIER NIKI TIKI*　アトリエ　ニキティキ　吉祥寺店

吉祥寺の東急百貨店裏を歩いて、カワイイくまが吹いているシャボン玉に出合えたら、今日は何だかいいことありそう。

ドイツやスイスのおもちゃが揃い、その国の文化が色濃く伝わる商品が並ぶ。中にはキッズスペースがあり、実際に見て触って試せるのも魅力のひとつ。

0422-21-3137
武蔵野市吉祥寺本町2-28-3
JR中央線吉祥寺駅中央口徒歩7分
10：00～19：00
木曜休み

吉祥寺

CAFE PLANT'S　カフェ　プランツ

「カフェは大好きだけど、小さい子どもがいると、静かなお店にも小さいお店にも入れない」。そんなママにオススメなのが、東急百貨店の屋上にあるこのお店。天井が高く、広々とした店内には太陽の光が差し込んで、明るい雰囲気。メニューは、雑穀や野菜たっぷりのヘルシーなものばかり。
子どもが飽きてしまったら、屋上の遊戯施設で遊ばせることも。開放的な空間で、思いっきり深呼吸しよう。

よくばりキッズプレート	￥780
キャラメルバナナケーキ	￥500
ティーオレ　マグ	￥470
ポット	￥900

0422-23-7177
武蔵野市吉祥寺本町2-3-1　吉祥寺東急RF
JR中央線吉祥寺駅中央口徒歩5分
10：00～20：00（19：00LO）
7～8月ビアガーデン　～22：00
東急百貨店定休日に準ずる

吉祥寺
三鷹

諏訪クワガタ昆虫館

ノコギリクワガタ、ミヤマクワガタ、ヘラクレスオオカブトなどなど、日本や世界の約250種類、500頭のクワガタやカブトムシが展示されている。昆虫好きなら、目をキラキラさせて標本にかじりついてしまいそう。
三鷹の森ジブリ美術館の向かい側、普通のおうちのような場所だけれど、壁に貼ってある大きなクワガタとカブトムシの写真が目印。
実際に触ることのできるクワガタもいて、館長の清水さんが生き物のしくみを丁寧に教えてくれる。本やビデオも閲覧可能。

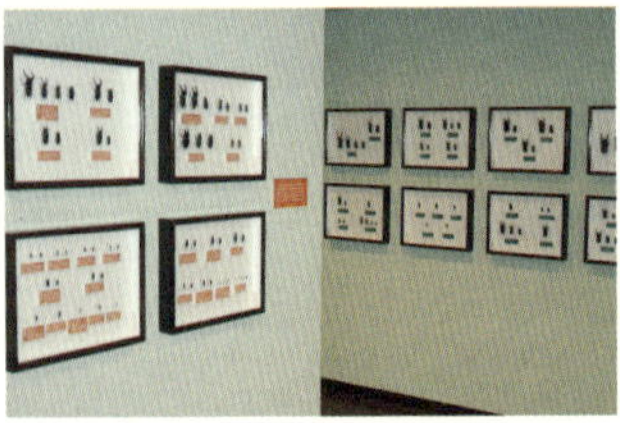

入館料	大人	￥300
	小人	￥200

0422-49-2787
三鷹市下連雀1-14-4
JR中央線吉祥寺・三鷹駅徒歩15分
9：30〜13：00、14：00〜17：30
月・木曜（夏休みのみ火曜）休み

三鷹

BABIES　ベイビーズ

三鷹駅南口を出て、中央通りをまっすぐ歩くと見つかる、ベビーグッズのセレクトショップ。木製のおもちゃから、肌着、ベビーカーまで何でも揃う。リーズナブルで実用性も兼ね備えたグッズばかりで、プレゼントにもピッタリ。
インテリアショップ、カフェ、シフォンケーキ専門店が併設されているので、雑貨を買う→お茶する→ケーキをテイクアウトと、フルコースで楽しめる、ついつい長居してしまいそうなスポット。

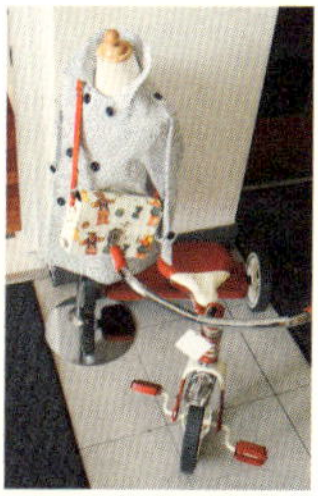

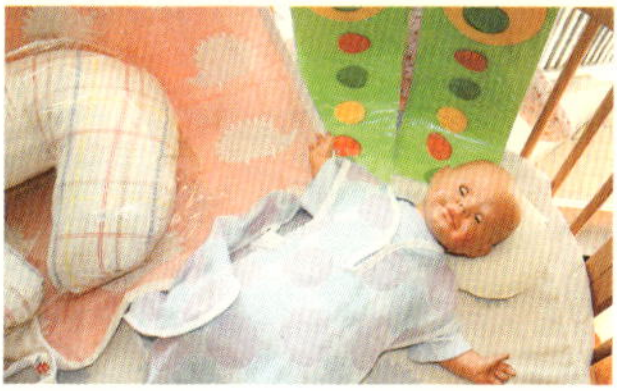

0422-40-6766
三鷹市下連雀4-15-33　三鷹プラザ
JR中央線三鷹駅南口徒歩10分
11：00～22：00
無休

立 川　*Kids' Parlour*　キッズパーラー

立川のショッピングモール「若葉ケヤキモール」の中にある、親子カフェ。
子ども連れ限定のお店なので、気兼ねなしのうれしい存在。
店内に入るとまず目に飛び込んでくるのが、大きなプレイスペース。その周りをぐるっとテーブルが囲んでいるので、どの席に座っても子どもの様子を見守れて、安心。授乳室やベビーベッドが完備されているので、赤ちゃん連れでもOK。書籍スペースがあるので、ママはのんびり読書でひと休み。

うさぎさんカレー（ドリンク付き）	¥650
牛肉入りデミグラスソースオムライス	¥920
スイートポテト	¥350
アップル100％ジュース （2杯目以降は¥100）	¥250
お子様用ミニジュース	¥100

042-533-6621
立川市若葉町1-7-1　若葉ケヤキモール2F
JR中央線立川駅北口からバスで「砂川九番」下車
10：30〜20：00（19：30LO）
無休
キッズプレイスペース
入場料　最初の1時間　¥300
以降30分ごと　¥100

航空公園

所沢航空発祥記念館

西武新宿線で所沢から一駅、多摩地域からもすぐのスポット。館内に足を踏み入れると、頭上には実際に飛んでいた飛行機やヘリコプターが浮かんでいて、壮観。
「ノースアメリカンT6G」などの、実際に活躍した飛行機の操縦室を見ることもできて、子どもはもちろん、大人も空飛ぶ世界に夢中になる。

04-2996-2225
所沢市並木1-13（県営所沢航空記念公園内）
西武新宿線航空公園駅東口徒歩8分
9：30～17：00（入館～16：30）
月曜（祝日は翌日）休館

展示館	大人 ¥500	小・中学生 ¥250
大型映像館	大人 ¥600	小・中学生 ¥300
共通割引券	大人 ¥800	小・中学生 ¥400

就学前、65歳以上、障がい者無料
http://tam-web.jsf.or.jp

多摩動物公園

東京都多摩動物公園

ひろーい敷地をおさんぽ気分で散策できる、何度訪れても発見がある動物園。
日本産の動物やレッサーパンダがいるアジア園、アフリカ象やチーター、ライオンなどのアフリカ園などがあり、世界中の動物と出合える。

042-591-1611
日野市程久保7-1-1
多摩モノレール・京王線多摩動物公園駅徒歩1分
9：30～17：00（入園～16：00）
水曜（祝日は翌日）休み
入園料　一般　¥600
中学生　¥200
小学生以下無料
http://www.tokyo-zoo.net/

西調布

propelier café　プロペラカフェ

飛び立つ飛行機を間近に眺めながら、ハンバーガーをがぶっ！　調布飛行場内の格納庫横にあるカフェ。駐車場先にある「関係者立入禁止」の看板は、無視して進んで大丈夫。お店の扉を開けると、窓の向こうにはたくさんの飛行機がズラッと勢揃い。
店内にはパイロット訓練用のシミュレーターが設置されていて、実際に使用できることも。パイロット気分を体験できて、空との距離がぐっと近くなる。

エスプレッソ	¥500
NYチーズケーキ	¥450
シフォンケーキ	¥450
日替わりランチ（全品ドリンク付き）	¥900
プロペラバーガー	¥900
とろとろオムライス	¥900

0422-39-2525
調布市西町290-3（調布飛行場内）
京王線西調布駅北口徒歩15分
10：00〜19：00（18：00LO）
無休

昭和の風景、レトロが新鮮に映るまち、青梅。
毎月第3日曜日には住吉神社でクラフトマーケット開催。

青梅駅～沢井駅

西へ、さらに西へ。
山があって川があって、昔ながらの街道があって、元気なアートに出合えます。
昔にタイムスリップしたら、あら不思議、自分たちでつくりだす明日がちゃんと見えてくる。

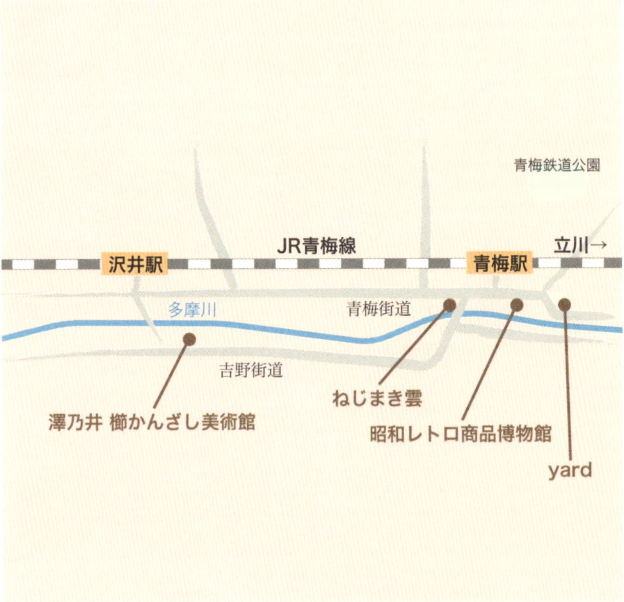

澤乃井 櫛かんざし美術館

細やかな手仕事にため息がもれそうな、江戸から昭和につくられた櫛かんざし。
小澤酒造から多摩川を渡った向こう岸、ロケーション最高の美術館です。
酒蔵見学、お豆腐料理と合わせて、一日楽しめます。

0428-77-7051
青梅市柚木町3-764-1
沢井駅徒歩10分
10:00～17:00(入館～16:30)
入館料　一般 ￥800
月曜休み

ミュージアム

昭和レトロ商品博物館

「あ、これ知ってる、懐かしいな。小学生時代に持っていた」
なんて言うと、世代がばれちゃいます。
駄菓子屋さん、紙芝居屋さんには、子どもの頃お世話になりました。
2階は、青梅につたわる雪女伝説がモデルとなった、ラフカディオ・ハーンの
『雪おんな』を探る展示で、涼める部屋です。

昔は外科病院だった建物が博物館になりました。

0428-20-0234
青梅市住江町65
青梅駅徒歩2分
10:00〜17:00
月曜（祝日は翌日）休み
入館料　大人 ￥300　小・中学生 ￥150
http://www.sumiecho.com/showa_retoro/

「青梅赤塚不二夫会館」と「昭和幻燈館」を合わせた
3館めぐりは、昭和にどっぷり浸れるコース。

ギャラリー
& Cafe

yard　ヤード

たっぷり注がれた「グラスワイン」¥500。小さなfoodが添えられます。今日は少し大きめでした。

偶然見つけた公園隣のアートな建物。週末だけopenの、マッキー・アライさんと北村淳子さんのアイアンアートやガラスアートが並ぶショールーム的カフェ。静かな昼下がり、ワインを飲みながらぼーっとしていると、創作意欲がゴソゴソと動き始めました。

0428-24-4612
青梅市西分町3-64
青梅駅徒歩5分
土・日曜のみ open
(HPでご確認下さい)
http://yard.vc/

ねじまき雲

ネルドリップのようすを眺めたくて、焙煎士・長沼慎吾さんの近くに座ります。
湯落としの技に、どきどきします。
珈琲にこんなにも酔ってしまうなんて。
ここに通う人を「ネジマキスト」と呼ぶようで、カメラマンさんも私もネジマキストになりました。

0428-85-9228
青梅市上町326-1
青梅駅徒歩7分
15:00～23:30
土日祝11:30～22:00
水・第3木曜休み
http://nejimakigumo.bitter.jp/

かき回さずにそのまま、味の変化を楽しみましょう。
「三毛猫」￥900。コーヒー＋有機抹茶きなこ＋ミルク、きれいです。

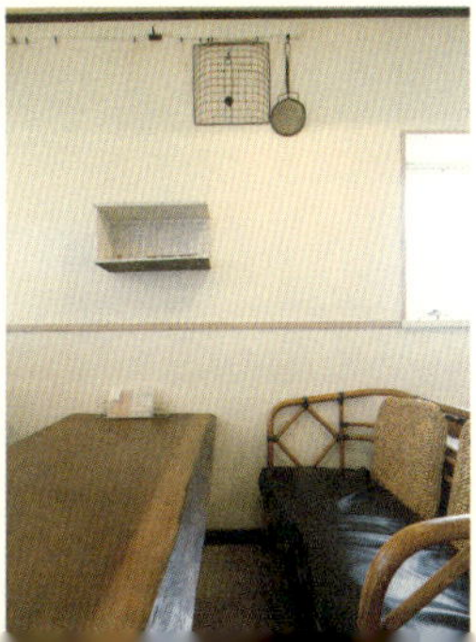

府中のおさんぽ

分倍河原駅〜東府中駅

点在する街角アートをめぐるおさんぽも楽しめる。

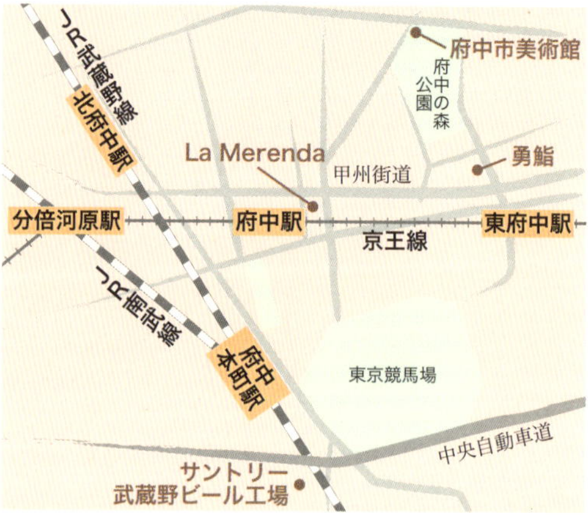

Factory

サントリー
武蔵野ビール工場

東京ドーム8個分の敷地に、新しい仕込み施設が稼動中。
小一時間の工場見学は、ビールをさらにおいしく飲むために大切な時間です。
ここでつくられる丹沢水系の天然水をつかったザ・プレミアム・モルツ、大好き。

工場に向かう途中、やっぱり歌ってしまいました。
♪中央フリーウェイ 右に見える競馬場 左はビール工場…
byユーミン

できたて生ビールのおいしいことっ。　試飲は3杯まで。サントリーさん、ホントにいいんですか？

042-360-9591
府中市矢崎町3-1
分倍河原駅からシャトルバスで5分
9:30～17:30（電話受付時間）
見学は10:00～16:00まで30分毎
（季節によって異なる）
前日まで要予約
臨時休業あり
（2008年4月～9月末まで改装のため休業）
http://suntory.jp/FACTORY/

ミュージアム

府中市美術館

光と緑あふれる開放的な美術館。普段の暮らしに、もっと身近に美術を、と語りかけてくれます。第3土曜日は学芸員によるギャラリートーク開催。近現代の美術本が閲覧できる図書室、喫茶室、ミュージアムショップもあります。

03-5777-8600
府中市浅間町1-3(都立府中の森公園内)
東府中駅北口徒歩15分
観覧料　一般¥200
10:00〜17:00　月曜休み

鮨

勇鮨 いさみずし

カウンターに座れば、目の前に新鮮な魚介。府中でも銀座でもない、海辺にいるような旅心地です。まずはお酒と旬のつまみ。それから、にぎりはおまかせで。しょっちゅう来れるわけじゃありませんから、心ゆくまで鮨三昧。

ランチのにぎり￥2500。おまかせ￥3000〜。
ひとりでも予約の電話一本を。

042-361-6079
府中市緑町3-17-15
東府中駅 徒歩3分
11:00〜14:00、17:00〜23:00
水曜休み

天然魚は新島の漁師・植松さんから届きます。
「真鯛のポアレ」￥1600〜。

La Merenda
ラ・メレンダ

南フランスの家庭料理を気ままにアラカルトで。ガツンと肉料理をいきなりオーダーしたってOKです。
私は、テリーヌと自家製パンと赤ワイン。「これさえ」あればシアワセですが、「これから」スタートです。はい。

ランチは￥1500〜。グラスワイン￥500、ボトルワイン￥2200〜。

042-335-3313
府中市府中町2-1-8
府中駅徒歩3分
11:30〜15:00、18:00〜22:30
月曜休み

あきる野のおさんぽ

武蔵五日市駅

秋川と平井川が流れるあきる野。水きらめく自然の中へ。

雙柿庵
そうしあん

ぽっかりと休みができたら、山里のおいしい蕎麦をめざそう。
予約をして、電車とバスを乗り継いで、自然の道を少し歩いて。
メニューは酒肴と蕎麦料理のおまかせコースのみ。¥3675〜。地酒は¥840〜。

042-597-3802
西多摩郡日の出町大久野1487
武蔵五日市駅からバスで
「大久野中学校」下車徒歩1分
12:00〜13:30（入店）
17:30〜19:00（入店）
前日までに要予約
水・木曜休み

ギャラリー
& Cafe

きれ屋

オリジナルの手ぬぐい、手漉きの和紙、着物地の小物。
和の粋な魅力に触れると、やっぱり着物が着たくなります。
帰り道は、なぜか歩幅が少し小さくなって、静々と。

100年続く栗原呉服店の奥にあります。

042-596-5144
あきる野市五日市1
武蔵五日市駅徒歩10分
10:00～19:00
月曜休み
http://www.kireya.com

お酒でしっとり、おとな時間

ビール、日本酒、ワイン、カクテルetc。
ていねいにつくられた良質なお酒を味わうひとときき。
一日の終わりは「乾杯」でスタートします。
ひとりでも気軽にゆるゆるできるお店を見つけました。
もしも隣に座っていたら、ぜひ声をかけてくださいね。乾杯しましょ。

吉祥寺 *Hun Lahun*　フンラフン

野菜と豆とスパイスいっぱい、地球の上のあちこちのフード。みーんなやさしくからだにしみわたります。スリランカの黒ビールは、海辺の夕暮れを想像して。

キリン一番搾り生ビール	¥530
ライオンスタウト（スリランカ黒ビール）	¥780
モヒート	¥740
ワイン	¥470～
温野菜サラダ（レギュラーサイズ）	¥900
海老のジンジャー炒め アリッサ添え	¥680

0422-48-7796
武蔵野市吉祥寺南町2-2-3　オリエンタルビル2F
JR中央線吉祥寺駅公園口徒歩1分
ランチタイム12：00～14：30
ティータイム14：30～17：30
ディナータイム17：30～25：00（フード24：00LO、ドリンク24：30LO）
水曜休み
http://www.hunlahun.jp/index.html

吉祥寺

日本酒と料理　横尾

料理がお酒をひきたてて？　お酒が料理をひきたてて？　ここではその両方うなずけて。全国から集まる食材と20種類以上の純米酒が、日本っていいなあって思わせてくれます。

ヱビス生ビール	¥650
日本酒（正一合）	¥700～
きりたんぽ鍋（2人前）	¥3200
おさしみの三点盛り	¥3500
おぼろ豆腐と京水菜とラディッシュのサラダ	¥800
ゴルゴンゾーラの焼き豆餅	¥500

0422-42-3870
武蔵野市吉祥寺南町1-11-2　もみじビルB1F
JR中央線吉祥寺公園口徒歩3分
18：00～24：00（23：30LO）
火・第3月曜休み
http://www.sidetail.com/index.html

三鷹

文鳥舎　ぶんちょうしゃ

ラグビー大好きクミコさんと本を愛するミチコさんがつくった、多機能酒場。イベントが充実で、今夜は寄席、来週はジャズホールに。Barのopenは水・木・金の夜。寄り道なしの帰宅はいけません。

エーデンピルス生ビール	¥600
焼酎	¥650～
日本酒	¥780～
チーズとアンチョビの春巻	¥680
焼素麺	¥700

0422-79-3777
三鷹市下連雀3-32-3　グリーンパルコB1
JR中央線三鷹駅南口徒歩5分
Bar　水・木・金のみ　18：00～23：30（23：00LO）
ランチ・ティータイム平日11：00～17：00
土・日・祝日休み
http://www12.plala.or.jp/bunchousha

武蔵小金井

com&bia　わっくら

旅してほれ込んだ、ベトナムの食文化。ついにはベトナムごはんとビールの広告塔のようになった店主の斉藤ちささん。屋台の魅力、パワーと笑顔で迎えてくれます。

ダイヴェエット（ベトナム黒ビール）	¥600
ハノイビール	¥550
生春巻き	¥250
パパイヤサラダ	¥700
地豆豆腐の揚げ出し	¥500
鶏うどん（フォーガー）	¥600

042-387-7576
小金井市本町1-19-4
JR中央線武蔵小金井駅南口徒歩2分
11：30〜15：00、18：00〜23：30（23：00LO）
金土18：00〜24：00（23：30LO）
木曜休み

国分寺　ワインバー　ヴァン・ブーニャ

仏ワインを中心に600種類、そしてグラスワインは毎日数種類、と聞くだけでそわそわのワイン好き。ひとりでも気軽に本物の一杯を。一杯が「いっぱい」になっても、いいんですよ。

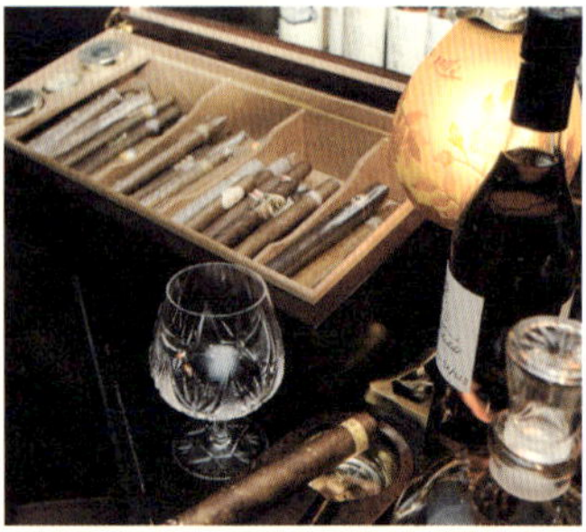

グラスワイン	¥900〜
ボトルワイン	¥4000〜
イタリア産パルマのプロシュート	¥1500
塩豚のロースト	¥1800
イベリコ豚のグリル	¥2500

042-320-4146
国分寺市本町2-22-2　セレニティ国分寺1F
JR中央線国分寺北口徒歩5分
18：00〜3：00
無休

八王子　*boogaloo café*　ブガルーカフェ

気さくでゆるぅい古民家改造のカフェ。オリジナルカクテルも豊富ですが、今日の気分の私だけのスペシャルを、シャカシャカ振ってもらえます。好きな肴を持ち込んでもいいって、本当ですか？

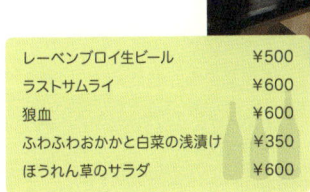

レーベンブロイ生ビール	¥500
ラストサムライ	¥600
狼血	¥600
ふわふわおかかと白菜の浅漬け	¥350
ほうれん草のサラダ	¥600

042-644-8516
八王子市子安町1-9-3
JR中央線八王子駅南口徒歩3分
18：00〜25：00
不定休

小 平　*TRATTORIA CUORE*　トラットリア　クオーレ

食いしん坊仲間集合。イタリアワインのボトルをどかんと開けて、石窯で焼き上がるふちがカリッの熱々ピッツァ頬張って。
小平の畑で今朝採れた野菜もおいしい。

ハイネケン	¥580
グラスワイン	¥550〜
ボトルワイン	¥3500〜
本日のパスタ	¥1500
本日の窯焼きピッツァ	¥1500

042-341-4788
小平市学園東町436-1
西武新宿線小平駅南口徒歩15分
11：30〜15：00（14：30LO）、18：00〜22：30（21：30LO）
月、第3火曜休み

おわりに

地球の上の、ピンポイントのこの場所に
偶然住んで、偶然出会って。
だからこそ、つながれたことがうれしくて
大切にしたい。

いつもの暮らしのまわりは、
ふかふかよく肥えた広〜い畑のようなまち。
いいお店がたくさん実っていて、
とても1冊に収穫しきれません。
本を閉じたらその先は、
みなさんの発見で綴ってください。

おさんぽは、つ・づ・く。

おさんぽ路線図

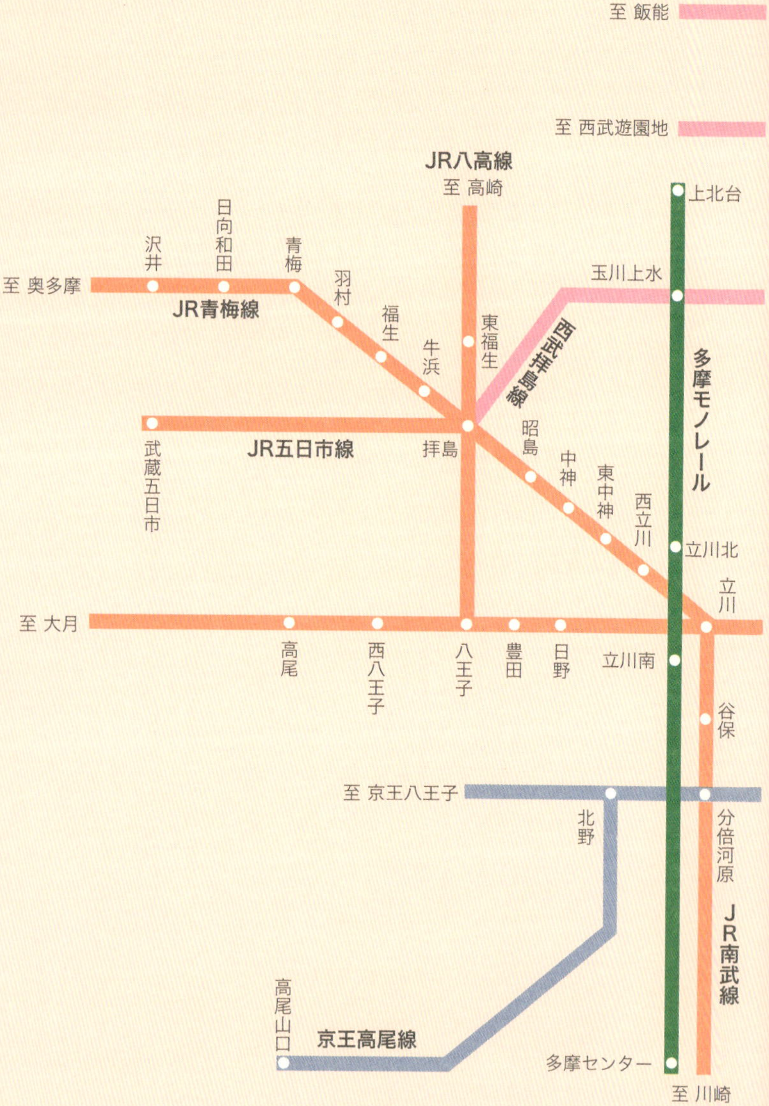
至 飯能
至 西武遊園地
JR八高線
至 高崎
上北台
至 奥多摩
沢井
日向和田
青梅
JR青梅線
羽村
福生
牛浜
東福生
玉川上水
西武拝島線
多摩モノレール
武蔵五日市
JR五日市線
拝島
昭島
中神
東中神
西立川
立川北
立川
至 大月
高尾
西八王子
八王子
豊田
日野
立川南
谷保
至 京王八王子
北野
分倍河原
JR南武線
高尾山口
京王高尾線
多摩センター
至 川崎

至 本川越
航空公園
西武池袋線
至 池袋
所沢
大泉学園
西武西武園線
至 西武園
東村山
西武新宿線
西武新宿線
至 新宿
小川
萩山
小平
田無
西武国分寺線
青梅街道
西武多摩湖線
JR中央線
至 新宿
国立
西国分寺
国分寺
武蔵小金井
東小金井
武蔵境
三鷹
吉祥寺
至 新宿
府中
東府中
京王線
調布
明大前
京王井の頭線
至 渋谷

さくいん

Cafe

WILL cafe／谷保駅 ……48
エレカフェ／三鷹駅 ……24
cafe Amar／吉祥寺駅 ……74
cafe Air／萩山・青梅街道駅 ……76
Cafe du lievre／吉祥寺駅 ……14
CAFE PLANT'S／吉祥寺駅 ……95
Cafe Montana／吉祥寺駅 ……16
cafe Room-1022.／吉祥寺 ……77
Karel Capek SWEETS／吉祥寺駅 ……24
Kids' Parlour／立川駅 ……98
きれ屋／武蔵五日市駅 ……114
晶山茶葉店／八王子駅 ……70
SEINA CAFE／吉祥寺駅 ……72
Somoan／国立駅 ……44
ねじまき雲／青梅駅 ……107
BURNNY'S CAFE／国分寺駅 ……37
Pate a chou／西立川駅 ……84
propelier cafe／西調布駅 ……100
HEAVEN AND ZUCCOTTO／福生駅 ……92
boa sorte／三鷹駅 ……73
moi／吉祥寺駅 ……7
木火土金水／国立駅 ……49
yard／青梅駅 ……106

おやつ

ア・ポワン／西八王子駅 ……27
一真菴／国立駅 ……28
伊藤屋／国立駅 ……26
ecute Tachikawa／立川駅 ……57
小ざさ／吉祥寺駅 ……28
菓子の木／国立駅 ……26
亀屋本店／武蔵小金井駅 ……28
グー・デ・サンク／国立駅 ……26
グルヌイユ／高尾駅 ……71
紅梅苑／日向和田駅 ……28
高円／三鷹・吉祥寺駅 ……28
tatin／吉祥寺駅 ……9
多根果実店／国分寺駅 ……36
茶の子／中神駅 ……28
つるや製菓／八王子駅 ……28
tres petits／武蔵境・東小金井駅 ……25
白十字／国立駅 ……26
花奴／高松駅 ……28
夕焼けこやけ／吉祥寺駅 ……13
レ・アントルメ国立／国立駅 ……26
L'Epicurien／吉祥寺駅 ……24

レストラン etc.

勇鮨／東府中駅 ……110
IL GIRASOLE／国立駅 ……47
ヴァンセット／立川駅 ……61
Un Quinto／福生駅 ……88
大多摩ハム／福生駅 ……30
Kiari／昭島駅 ……82
キィニョン／国分寺駅 ……29
北島こうじ店／立川駅 ……31
グーテ／西八王子駅 ……30
ケーニッヒ／吉祥寺・東小金井駅 ……30
寿屋ベーカリー／中神駅 ……29
小堀栄養納豆店／八王子駅 ……31
Simply French／三鷹駅 ……19
SOYBEAN FARM／吉祥寺駅 ……31
雙柿庵／武蔵五日市駅 ……113
旅人の木／吉祥寺駅 ……12
でめてる／国分寺駅 ……39
奈央屋／西八王子駅 ……78
ノイ・フランク／国立駅 ……30
馬路音／武蔵小金井駅 ……29
ピッコロ／拝島駅 ……29
福生ハム／福生駅 ……30
ブレッツェン／昭島駅 ……29
マイスタームラカミ／武蔵境駅 ……30
みやび／武蔵五日市駅 ……31
La Merenda／府中駅 ……111

雑貨 etc.

Earth Juice／国分寺駅 ……………35
ATELIER NIKI TIKI／吉祥寺駅 ……94
Atelier Bobine／三鷹駅 ……………20
ウエスタン／吉祥寺駅 ……………11
WOOD STOCK／牛浜駅 ……………91
黄色い鳥器店／国立駅 ……………46
きれ屋／武蔵五日市駅 ……………114
匙屋／国立駅 ……………32
SAP／国立駅 ……………31
36 サブロ／吉祥寺駅 ……………8
Somoan／国立駅 ……………44
T-BROS. FUSSA／福生駅 ……………87
Pate a chou／西立川駅 ……………84
BIG MAMA／牛浜駅 ……………90
BABIES／三鷹駅……………97
yard／青梅駅 ……………106

お酒

ヴァン・ブーニャ／国分寺駅 ……………120
サントリー武蔵野ビール工場／分倍河原駅 108
たたみぜ／八王子駅 ……………70
TRATTORIA CUORE／小平駅 …122
Bar R／立川駅 ……………62
婆娑羅／三鷹駅 ……………22
フォムファス／国立駅 ……………32
boogaloo cafe／八王子駅 ……………121
文鳥舎／三鷹駅 ……………118
Hun Lahun／吉祥寺駅 ……………116
横尾／吉祥寺駅 ……………117
わっくら／武蔵小金井駅 ……………119

温泉

いこいの湯／多摩境駅 ……………53
かたくりの湯／上北台・玉川上水駅…54
深大寺温泉 ゆかり／調布・武蔵境駅 …53
多摩テック クア・ガーデン／豊田駅 51
つるつる温泉／武蔵五日市駅 ……………54
テルメ小川／東大和市駅 ……………51
やすらぎの湯／八王子駅 ……………52
湯らく／三鷹駅 ……………50

本 etc.

国立本店／国立駅 ……………43
新幹線図書館／昭島駅 ……………81
PAPERWALL & orion／立川駅 ……58
りとる／三鷹駅 ……………21

ミュージアム

澤乃井櫛かんざし美術館／沢井駅 103
昭和レトロ商品博物館／青梅駅 …104
諏訪クワガタ昆虫館／吉祥寺・三鷹駅…96
所沢航空発祥記念館／航空公園駅 …99
府中市美術館／東府中駅 ……………110

自然

磯沼ミルクファーム／山田駅 ……………68
高尾山／高尾山口駅 ……………65
多摩動物公園／多摩動物公園駅 ……99

著者紹介

Walk Writer
松井一恵
まついかずえ

大阪生まれ。たまたま訪ねた吉祥寺に恋をして武蔵野市に暮らす。母は元パン屋、妹はバーを営む商売人家系。取材執筆業は学生時代からで、地域雑誌『武蔵野から』スタッフ経験も。Walk Writerは訳すと「コツコツ歩いて見て聞いて書くアナログライター」。近年の著書に『おいしいごはんの店』『東京玄米ごはん』『東京ナチュラルスイーツ』など。好きなビールはエブリディ。好きな図書館は利用者では満足できず、週2日公共図書館の司書に変身。

カメラマン
戸田英範
とだひでのり

北海道生まれ。23年間暮らした福生市から、2005年に家族とともに長野県喬木村へ移住。『多摩ら・び』『多摩ごちそう案内』『多摩のラーメン125』などの取材には、長野から機材抱えて上京する。
撮影していないものはほとんどないが、レントゲンと鑑識写真だけが未踏。

多摩 おさんぽ日和　かわいいおやつと雑貨とお酒と

2008年5月5日　第1刷発行

著者　松井一恵

撮影　戸田英範
編集部

デザイン　竹谷内健一
渡辺研一

編集協力　多摩らいふ倶楽部

発行者　清水定

発行所　株式会社けやき出版
〒190-0023
東京都立川市柴崎町3-9-6　高野ビル
TEL 042-525-9909
FAX 042-524-7736

印刷　株式会社メイテック

ISBN978-4-87751-362-7 C0076